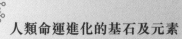

人類命運進化的基石及元素

目錄

前言

 ———————————————

　　2018-2019年，我先後出版了兩本書：《人類命運的演進印跡和路程》以及《人類命運演進的動力——選擇和抉擇》。在書寫過程中，我不斷努力尋找有關資料和佐證，因此頻頻逛書店。碰巧在一家書店內，我看到了兩本新書，即：（I）*Enlightenment Now*（by S. Pinker），（II）*How to be Human*（ed. by G. Lawton & J. Webb），這兩本書對我進一步要在本書內全面總結和整體地完成有關人類命運演進的分析、論證等，提供了很大的幫助。但我在本書內所要說的與以上作者所關心的問題和提出的論點、理據、思路和結論，則有很多不相同之處，在這裏把我對這些問題的看法以及和他們的差異之處（特別是有關我對人類命運演進的基本觀點和立論）一一呈現出來，供大家參考、批評和指正。

　　其次，當我在寫完《人類命運的演進印跡和路程》與《人類命運演進的動力——選擇和抉擇》這兩本書後，有一個問題不斷縈繞在我腦海中而無法尋找到答案，那就是人類命運演進的元素和基礎到底是什麼？與其他動物的進化有什麼分別和超越之處？特別是在擁有13億多人口的中國，正在與世界各國努力地構建一個全球範圍的「人類命運共同體」；並在中國的大地上，打造一個具有中國特色社會主義的社會；同時，還不懈努力地在創造和創新，促使一個人類渴望已久的和平、穩定、安寧的新的全球秩序以及新的

時代，能夠早一點實現。

　　中國的發展現今已進入這一新時代，因此，中國未來的演變和發展，對整個人類命運的進化史的影響以及我們應該怎樣去認識、分析、理解和論證其整個發展過程對人類演進的影響的重要性，我認為，從人類進化的角度來看，其意義肯定會是非常巨大和深遠的。但中國正在打造的具有中國特色社會主義新時代的社會主義發展模式，與美國哈佛大學史提文・賓可（Steven Pinker）教授所強調的希望所有的國家都能建立基於「新啟蒙運動」（Enlightenment　Now）所推崇的通過理性（Reason）、科學（Science）、人文主義（Humanism）、和人類進步（Progress）的人類未來發展和進化的模式，是否基本相同還是有很大的差別，這也是我在本書中想探討的另一個重要議題。現今這兩股帶有巨大影響力的思潮和推動社會未來發展以及可以用來理性地指導實踐的人類社會發展的模式（即：一個強調以「新啟蒙運動」為基礎的發展模式；而另一個則由中國所倡導的以構建「人類命運共同體」為基礎和目標的發展模式），我相信都將會是影響和掌控人類命運未來發展和進化的重要基石、元素、動力及力量。而現今美國特朗普總統為一己之私而正在推動的各種所謂「美國優先」政策、單邊主義、強權政治、經濟保護主義政策等，從人類社會發展的角度來看，我認為是不可能永久地持續下去的。特朗普以及他的支持者的所作所為，只是人類發展史上的一段短暫小插曲，是無法撼動一個以「新啟蒙運動」為基礎的進化的發展模式，以及另一個由中國倡導的以構建「人類命運共同體」為基礎的進化的發展模

式。它更無法撼動這兩個發展模式，有可能會經磨合後（可能需要很長時間），形成一個全新的（也可能是最終的）全球文明融合體或全人類命運共同體（an integrated and inclusive global community of humankind)。

另一方面，人類發展演化至今，對自己的了解到底有多少（特別是通過各種科學的研究手段）？而這些知識對解釋人類命運的進化又說明了什麼問題？又現今如火如荼地正在井噴的各種人工智能、大數據等創新科技手段，又能否全面地顛覆人文主義以及加速影響人類命運進化的進程和路向？又會否有可能在有意無意地把人類推進入一些科學發展所形成的所謂「科學陷阱」（Science Development Traps）的苦難中（如哈拉瑞在他近期出版的《今日簡史──人類命運大議題》一書中所指出和擔心的問題？）最後，我還想通過這一本書解答一下人類進入新時代，推動人類命運不斷進化的基石或基本元素到底應該是什麼？我們能否把他們尋找出來？

以上都是我想試圖在本書中探討、分析和試圖解答的問題。

其次，2018年《環球科學》（*Scientific American*）出版了一本題為：「人類簡史──從古猿到數字替身」的「年度專題」專輯，把在積極研究與這些專題有關的研究者的最新研究成果、理解和看法作出了一些科學分析和總結。在這裏我把該書的編輯，置放在這一專輯的書的封面的幾句總結人類進化的文字抄錄下來供大家分享：「從生命的誕生到多細胞生物的出現，這個過程大約耗時30億年；從古猿到人類，時間尺度變成了數百萬年；而人類創造現代文明，只用了數千年。人類的未來是什麼樣子？這是一個挑戰想像的

問題。」在書中對於「人類的未來是什麼樣子？」依照我的看法，似乎並未能給出可以使人滿意和具説服力的證據及答案。特別是現今人類已經進入了一個嶄新的時代，大多數的研究者則似乎仍無法對進入新時代的人類命運的未來，將會是什麼樣子，給出滿意的答案（註：可以這樣説，他們在書中所提及的許多研究結果，雖具啟發性，但可惜的是「遠水不能救近火」只能做到「隔靴搔癢」，而未能提出任何具指導性或影響人類命運進化的可供實踐的理論和方法！）。而這些答案我們人類必須盡快找到；不然，我們人類命運的整個進化過程，以及用了數千年創造的文明，就很有可能會被一些「政治狂人」(如美國總統特朗普之類)逆轉，甚至把人類推向自我摧殘和毀滅之路。怎樣才能避過及妥善解決這些對人類命運未來的發展和進化的許許多多巨大的難題，這也是我想在本書中探討、分析和試圖解答的問題。

徐是雄

第1章
「智人」（Homo sapiens）的持續演變與人類命運進化的關係

　　智人（或現代人）在這個地球上出現之後，其結構、形狀大致都不再進一步演變，並相當穩定及被固化（一些屬病變性的極少極小的變異是有的，但他們並不會影響到人類整體的遺傳格局的穩定性、延續性和重複性）。這一些特性或特徵我認為是對智人能成功進化至今的其中最為重要的關鍵之一。除此之外，智人成功進化至今的另一個最為重要的關鍵是人能生長出和形成大腦，使人類擁有思維能力和意識，懂得怎樣去思考問題、認知世界和識別事物；怎樣去學習、格物創造及針對是非問題作出正確的判斷；怎樣去直面和解決疑慮、矛盾和困難等問題的能力；而同樣重要的是通過大腦功能還可以用語言把他們表達出來，從而達到溝通的目的；其次，人類還可以通過語言、表情等來表達感覺、情感、互相進行複雜的交流活動等。但智人(特別是人的大腦)的結構、形狀等形成之後，雖大致不再進一步演變，但人類在思維方面的能力則是能夠千變萬化，並且非常活躍（active）和自主能動性極高（proactive and self driven），其活力在人的正常的生命期之內，是不會停止的。由於這些原因，讓人類可以通過無限的思想、想像、智能等腦活動，持續地發展和演進，不斷推動和改變着人類自己的命運的進化路程和路向。[1]

　　但這並不是說，通過人類思考過的東西就一定有價值和能推動人

類命運的進化至更好更高層次。譬如，宗教思想的出現，就是阻礙人類進化至更高層次的一種巨大阻力。從歐洲啟蒙時代開始［註：所謂啟蒙時代（Enlightenment）從時間上是從18世紀（一般來說，包括部份17 和 19 世紀）慢慢開始萌芽、成長、發展和建立起來的這樣一個頗長的時期］，歐洲的思想家、文學家、科學家等從多方面推動和明確地指出人類的演進，必須從傳統和宗教的影響和桎梏解放出來，並應該全面地去擁抱（embrace）理性（Reason）及科學（Science），才能準確和真實地解釋人類生命的價值、人類存在的意義以及人類命運進化的規律等。這場歐洲啟蒙運動影響所及，不但顛覆了許多舊有的歐洲國家的思想和哲學家所建立的思想體系、價值觀、道德倫理以及政治和社會的基礎制度等；而更重要的是它改變了歐洲（之後繼續改變美國）的社會、政治、經濟的整體發展方向以及改革發展的潮流、趨勢和實踐等；而這對人類命運發展的影響之深及廣是前所沒有的。而更重要的是，它引來了人類必須朝着創新以及科學與人文相融合的方向發展，才具意義和有前途這樣一種進化格局。而這些影響或思想或概念方面的演化（ideas and thoughts evolvement），對未來人類的發展和人類命運的進化（human progress and evolution）的方向和趨勢已不可再被逆轉。而哈拉瑞在他出版的《人類大命運 —— 從智人到神人》一書中[2]，對這一個問題，他表示非常的擔心。他指出現今的情況和趨勢是變得更為可怕，因為「一、科學正逐漸集合在一項無所不包的教條之下，也就是認為所有生物都是演算法、而生命則是在進行資料處理。二、智能正與意識脫鈎。三、無意識但具備高度智

慧的演算法，可能很快就會比我們更了解我們。」⁽²⁾ 但我認為只要經過人類理性地去思考和處理以上問題：例如，在各方面（包括從理論和實踐方面）作出合理的平衡、包容、融合和協調，相信這種哈拉瑞所擔心的極端情況是不會出現的。

現在讓我們來回顧一下中國的歷史，看看在這方面中國的發展情況又是怎樣的？

清朝末期中國的門戶給西方列強逼迫打開之後，中國才開始認識、接觸和慢慢了解到西方的思想、哲學、政治、經濟、社會等的情況。但由於中國自身在各方面的落後，所以對西方啟蒙運動所推崇的理性、科學（以及較後發展的人文主義）的了解完全無法全面掌握。但西方的啟蒙運動，自18世紀以來，卻不斷的在壯大和影響着歐美國家的發展，而且形成、夯實和固化了具有世界性影響力的政治、經濟、社會體制和架構。這一架構一旦被建立起來，不但難以改變，而且還持續地不斷壯大、自我完善和得到很大的發展。其過程雖然並非全都是一帆風順的，但從人類命運進化的角度來看，最重要的是它戰勝了傳統的愚昧和無知。而中國則一直要等到新中國成立和改革開放的不斷深入，才開始對啟蒙運動所倡導的理性、科學和人文主義慢慢接上軌，並加以改進、推動和作出貢獻；使理性、科學和人文主義，不但可以在人類全球化的層面，進一步豐富起來和得到夯實，而且還能與中國的發展模式互融和產生協調增效作用（integrative and synergistic effect），從而推動世界、人類社會的更深層次、更多樣性和更多方面的演進及變化。扼要地可以這

樣説：直接或間接地影響着人類命運的演變、進化及未來發展的路向。

當啟蒙思潮如火如荼地在歐洲興起和快速向世界蔓延開來期間，中國不但沒有受到任何影響，也無法參與到這一運動中去，其原因大家都很清楚。換言之，中國在這一翻天覆地席卷歐洲的所謂啟蒙時代，完全沒有得到任何啟蒙的好處，導致中國的思想、哲學、政治、社會的發展，長期處於一種滯後和落後於西方的情況和狀態。而一直要等到新中國成立實行改革開放，可以説才真正的與歐洲的啟蒙運動在一定程度接上了軌，並可以共同以及互相促進和融合地向前發展。也就是説，中國要到改革開放才能與歐洲啟蒙運動所推崇的尊重理性（Reason）、科學（Science）、人文精神（Humanism）開始大範圍地融合、相向而行、共同發展和有所貢獻。不過，中國在這方面的發展步伐，比歐洲（包括美國）似乎來得要快，並更具創新性、顛覆性和後發優勢；而其覆蓋的寬度和深度，比歐洲啟蒙運動開始到發展至今的力度和所涉及的範圍，也更要來得寬潤和深遠。中國在這方面的發展，對人類的未來發展、影響和演變將會非常巨大，為中國進入新時代以及之後的發展打下了堅實的基礎，並可以為人類的未來發展和「人類命運共同體」的構建和理想的實現（realization）變為事實（reality）。我相信在之後的發展，中國會再進一步將它的社會發展模式，不斷予以完善，最終會為人類的進化和文明，勾劃出一幅更為完整和完美的藍圖。而更重要的是還會把人類對建立烏托邦（Utopia）的虛擬夢想，變成為一個真實的和實實在在的人類社會構建。為了方便形容起見，我暫命其為「實體烏托邦」

（Real-Utopia or（Retopia））以與任何其他虛構的和永遠都無法體現或
實現的烏托邦區分開來。而這一「實體烏托邦」與中國正在積極構建的「人
類命運共同體」，概念性地來説，應是非常相近或甚至於可以説是同一範疇
之內的東西。

本書在之後的章節內，會對歐美的所謂啟蒙運動(更確切地説 ─ 特別是
經美國哈佛大學賓可教授（Steven Pinker）所強調的「新啟蒙運動」）[3] 以及所
推崇的理性、科學、社會進步和人文主義的這些要素（elements），怎樣可
以融入中國的新時代發展模式以及與具有中國特色的社會主義發展模式產生
協調增效作用，試圖作出闡明以及指出他們之間存在的相同基礎、關係和聯

繫等。換言之，中國的新時代發展模式（即具有中國特色社會主義的發展模式）應該可以丟雜取精和包容地去予以吸納和融合「新啟蒙運動」所推崇的理性、科學、社會進步和人文主義的這些元素（elements），從而更好的去豐富「人類命運共同體」的內涵，以及積極正向地夯實人類命運未來的發展、進化方向、格局和路程。

❖ 參考資料

(1) Graham Lawton & Jeremy Webb, *How to be Human*, 2017, New Scientist.

(2) 哈拉瑞著，《人類大命運：從智人到神人》，林俊宏譯，2017年，天下文化書坊。

(3) Steven Pinker, *Enlightenment Now - The Case for Reason, Science, Humanism, and Progress*, 2018, Viking.

第2章
重視和尊重理性 (Reason)

重視和尊重理性（rational reasoning）是在十八世紀歐洲啟蒙運動後期逐漸形成的一種理念或思潮。他的形成是在一定程度上立足於十七世紀歐洲各國的哲學思想界對科學革命的認知，並且還在一定程度上得到了許多有名望的哲學思想家們逐步地予以肯定的結果。到了十九世紀歐洲的浪漫主義得勢，把啟蒙運動湧現出來的理性和科學被打壓了下去。但最終理性與科學還是佔了上峰，不但影響了哲學界以後的發展，而且對於世界的經濟社會發展以及人類命運以後的演化，都起到了極其巨大和深遠的影響。至今，重視和尊重理性與科學已受到世界知識界普遍的接受。但美國哈佛大學史提文·賓可教授在他最近出版的一本名為《新啟蒙運動》的書中，用了許多篇幅和例証批判了美國現今的社會和右派勢力，説他們不但不重視和尊重理性，而且還作出了非常不理智的選擇，把特朗普總統選了出來。以特朗普為代表的美國右派，必定會在很大程度上肆意扼殺理性，這可以從他們的所作所為，用不明智、不合理、不理性（irrational reasoning）的方法來指導和引領美國的政治、經濟、外交等的運作可以看得出來；同時他們還在方方面面採用非理性和自私自利的方法以及狹隘的美國利益優先的手段來解決各種政治、經濟、外交等方面的複雜問題。而更嚴重的是他們還崇尚於用騙人狂言、爾虞我詐、核子武力、霸權主義、單邊主義、

冷戰思維、零和遊戲，民粹主義的方法，來打壓異己；並用唯我獨專、蠻不講理的手法干預其他國家的內政，擾亂全球秩序的合理化調整和重建；特別是無理地阻擋中國的崛起，並不惜犧牲世界和平以及防礙人類、社會、環境等文明的發展和進化，來滿足以及支持他自己和他的選民的各種非理性、不合理、貪婪和自私自利的訴求。

（一）理性與科學的關係

從1450年到1850年這一歷史時段，可粗略地被視作為近代哲學形成期。這樣的劃分當然是頗勉強的，理由如傅佩榮[1] 在他所著的《西方哲學史》一書中指出：

「因為思潮的演進是漸近的。我們可以看到的明確事實是：十五世紀的文藝復興，以回歸希臘人文主義為號召，因而跨越了中世紀哲學環繞信仰議題思考模式；接着，十六世紀的宗教改革，由天主教再度分裂出新教（中文譯名為基督教），重點從制度面轉向心靈層次；十七世紀科學革命盛大登場，連宇宙觀都涮新了面貌；十八世紀啟蒙運動進而彰顯了理性的一切潛能。」[1]

從以上的粗略劃分，我們可以看到理性的彰顯，是建基於科學革命浪潮的影響以及理性與科學的成功融合和相向而行，所造就的一種互相契合、互為因果的認知體系及方法論。經過這樣的科學認知方法所顯示的所謂理性，我認為現代的人都已接受或認同，必須包括（或來自）：（1）合理的

邏輯推理（logic）；（2）基於事實（based on real facts）的論證過程和程序（而不是空想的、唯心的東西）；（3）經過實驗、實踐（experiment and/or real practice）被嚴謹地檢驗（tested）或驗證過（proved）而得出的科學和理性（scientific and rational）的假說（hypothesis）或結論（conclusion）。

傅佩榮還指出，所謂「科學方法有兩個側面：**一是觀察與歸納，要依知覺、經驗與直接內省，來判斷事實與知識正確與否；二是演繹與數學，要界定基本公設，由此推廣普遍法則，建議構建精確而有效的知識。這兩大方法分別啟迪了經驗主義與理性主義，形成近代哲學的兩大系統。事實上，近代初期的哲學家大都同時也是優秀的科學家或數學家。**」[1]也就是如羅素所説[2]，「**科學家的本色，並不在他所信的事，而在乎他抱什麼態度信它、為什麼理由信它。科學家的信念不是武斷信念，是嘗試性的信念；他不依據權威、不依據直觀、而建立在證據的基礎上。**」[2]

理性也是這樣，就是當我們在思考問題或做任何事時，都一定要依循科學的方法，不依據權威、不依據直觀、不依據情感，而是理性地去建立證據和理性地推理來分析問題、解決問題和作出假設、結論、定論、選擇和抉擇。換言之，正確、實事求是和符合真理的選擇和抉擇，一般都是經過理性的認知、分析、思考程序和實踐而作出的。

（二）理性的做法的例子

下面舉幾個例子說明一下：

(I) 譬如中國在生態文明建設方面所堅持的六個原則便是一種非常理性的選擇和抉擇。

2018年5月18日習近平在北京召開的全國生態環境保護大會上強調要理性地把經濟社會發展同生態文明建設統籌起來，具體的是要堅持以下六個原則：

1. 堅持人與自然和諧共生，堅持節約優先、自然恢復為主的方針。

2. 加快形成節約資源和保護環境的空間格局、產業結構、生產方式、生活方式，給自然生態留下休養生息的時間和空間。

3. 重點解決損害群眾健康的突出環境問題，不斷滿足人民日益增長的優美生態環境需要。

4. 山水林田湖草是生命共同體，要統籌兼顧、整體施策、多措並舉、全方位、全地域、全過程開展生態文明建設。

5. 用最嚴格制度最嚴密法治保護生態環境，加快制度創新，強化制度執行，讓制度成為剛性的約束和不可觸碰的高壓綫。

6. 共謀全球生態文明建設，深度參與全球環境治理，形成世界環境保護和可持續發展的解決方案，引導應對氣候變化國際合作。[3]

用什麼方法和態度來看待及處理生態環境問題，中國是走過一段彎路的（即做了錯誤的選擇和決策）。在新中國成立初期，為了急切需要發展國家的經濟，採用了很多不理性的做法，譬如：「先發展、後補救」的政策；使

我國的生態受到了很大的創傷，環境受到了嚴重的污染和破壞。現今中國已認識到這一問題的嚴重性，積極在採取措施理性地在解決這一個問題（見上面的六個原則措施）。

在這方面我們同時還需牢記習近平所作出的高度扼要概括的有關怎樣保護環境的理性分析。他指出：「人與自然共生共存，傷害自然最終將傷及人類。空氣、水、土壤、藍天等自然用之不覺、失之難續。工業化創造了前所未有的物質財富，也產生了難以彌補的生態創傷。我們不能吃祖宗飯、斷子孫路，用破壞方式搞發展。綠水青山就是金山銀山。我們應該遵循天人合一、道法自然的理念，尋求永續發展之路。我們要倡導綠色低碳、循環、可持續的生活方式，平衡推進2030年可持續發展議程，不斷開拓生產發展、生活富裕、生態良好的文明發展道路。」(4)

「樹立尊重自然、順應自然、保護自然的生態文明理念，堅持節約資源和保護環境的基本國策，堅持節約優先、保護優先、自然恢復的方針，着力樹立生態觀念、完善生態制度、維護生態安全、優化生態環境，形成節約資源和保護環境的空間格局、產業結構、生產方式、生活方式。要正確處理好經濟發展同生態環境保護的關係，牢固樹立保護生態環境就是保護生產、改善生態環境就是開發生產力的理念，更加自覺地推動綠色發展、循環發展、低碳發展、決不以犧牲環境為代價去換取一時的經濟增長。

國土是生態文明建設的空間載體。要按照人口資源環境相均衡、經濟社會生態效益相統一原則，整體謀劃國土空間開發，科學佈局生產空間、生活空間、生態空間，給自然留下更多修復空間。要堅定不移加快實施主體功能區戰略，嚴格按照優化開發、重點開發、限制開發、禁止開發的主體功能定位，劃定並嚴守生態紅綫，構建科學合理的城鎮化推進格局、農業發展格局、生態安全格局，保障國家和區域生態安全，提高生態服務功能。要牢固樹立生態紅綫的觀念。在生態環境保護問題上，就是要不能越雷池一步，否則就應該受到懲罰。節約資源是保護生態環境的根本之策。要大力節約集約利用資源，推動資源利用方式根本轉變，加強全過程節約管理，大幅降低能源、水、土地消耗強度，大力發展循環經濟，促進生產、流通、消費過程的減量化、再利用、資源化。要實施重大生態修復工程，增強生態產品生產能力。良好生態環境是人和社會持續發展的根本基礎。人民群眾對環境問題高度關注。環境保護和治理要以解決損害群眾健康突出環境問題為重點、堅持預防為主、綜合治理、強化水、大氣、土壤等污染防治，着力推進重點流域和區域水污染防治，着力推進重點行業和重點區域大氣污染治理。」(5)

以上習近平用擺事實講道理的方法來解釋有關污染治理等問題，就是一個非常好的運用理性來看問題、考慮問題、分析問題、解決問題的好方法。

因為大家可以看到，這一方法具有強而有力的邏輯性和説服力，是重視理性和尊重理性來解決問題和處理事務的好例子、好典範。

(II) 解決政治問題必須採取理性的對話以及協商的辦法

中國政治架構的一個重要組成部份和特色就是建立了政治協商制。政治協商制度比起西方國家利用所謂一人一票的選舉方式形成的民主政治制度所不斷呈現的各種形式的惡性和非理性的選舉炒作和政黨之間的殘酷鬥爭有一定的優越性。西方國家的民主政治制度經常不擇手段地大搞骯髒的枱上枱下政治交易和操弄，用炒作假新聞、營造假輿論，製造假事實、編織陰謀故事、設置陷阱、不斷造謠，來操控選舉；同時為了選舉能贏，經常還採用將國內的矛盾輸出和強加予外人（外國）或妖魔化外人（外國）或製造緊張局勢來威逼利誘地左右選民的投票取向和意欲〔註：舉例，大家都清楚知道，自從新中國成立以來，每當美國總統大選之時，美國的政黨就會拿中國來説事，把中國的形象加以妖魔化以及造勢污衊施壓北京和恐嚇他們自己的選民來汲取選票和影響選舉的結果！〕可見西方國家的民主政治不但欺騙性大、非常暴虐和冷酷，並且已變得愈來愈殘忍、腐敗和不人道；而參與政治的人物也愈來愈短視、墮落、無恥和喪失良知，並做着各種埋沒良心及喪盡天良之事。這些現象的出現，可以説是西方自由民主國家的政治結構和體制自己製造出來的弊病及無法擺脱的邪惡（evil）。由於這一原因，所以「西方自由民主」國家的政治，相對來説也並不一定是很穩定的，事實上也會經常出現大小不一的政治社會動亂和難以

縫補的嚴重社會撕裂。這種情況的出現，不但使這些國家要經受嚴重的內耗，而且使他們的政治風氣、政治道德變得愈來愈庸俗、低劣和腐敗，一些為了選舉和搶奪政權（而非為了治理好國家和造福人民）而出現和存在的政黨，更把政治搞得一團糟（如英國保守黨在脫歐 [Brexit] 問題上，所呈現的惡劣表現）。這不得不給許多正直的有識之士和不直接參與政治的人一個極不好的印象，就是認為政治就是一種非常骯髒（dirty politics）的東西，因此最好遠離它。而事實上問題是出在英美等這些國家，所採用的所謂自由民主的政黨政治體制和架構出了問題，而並非政治本身（not politics per se）。

但中國則很幸運，由於採用了政治協商制，類似西方自由民主國家所出現的這種敗壞的和已病入膏肓的政黨政治體制和政治現象及風氣，在中國就不容易出現或大大地可以被減少或避免，這是不爭的事實。當然中國的政治協商制也不能說是已十全十美，其體制架構等，還有極大的需要和可以改進和優化的空間，正如習近平在中國共產黨第十九次全國代表大會上的報告中所提醒指出的，中國還要好好「發揮社會主義協商民主重要作用。」[6]

做到「有事好商量，眾人的事由眾人商量，是人民民主的真諦。協商民主是實現黨的領導的重要方式，是我國社會主義政治的特有形式和獨特優勢。要推動協商民主廣泛、多層、制度化發展，統籌推進政黨協商、人大協商、政府協商、政協協商、人民團體協商、基層協商以及社會組織協商。加強協商民主制度建設，形成完整的制度程式和參與實踐，保証人民在日常政治生活中有廣

泛持續深入參與的權利。人民政協是具有特色的制度安排，是社會主義民主的重要管道和專門協商機構。人民政協工作要聚焦黨和國家中心任務，圍繞團結和民主兩大主題，把協商民主貫穿政治協商、民主監督、參政議政全過程，完善協商議政內容和形式，着力增進共識、促進團結。加強人民政協民主監督，重點監督黨和國家重大方針政策和重要決策部署的貫徹落實。增強人民政協界別的代表性，加強委員隊伍建設。」(6)

習近平在報告中進一步指出，與其他黨派或黨外人士協商必須「牢牢把握大團結大聯合的主題，堅持一致性和多樣性統一，找到最大公約數，劃出最大同心圓。堅持長期共存、互相監督、肝膽相照、榮辱與共」(6)。他還說必須用協商來「加強預防和化解社會矛盾機制建設，正確處理人民內部矛盾。加強社會心理服務體系建設，培育自尊自信、理性平和、積極向上的社會心態。」(6)

「協商民主是中國社會主義民主政治中獨特的、獨有的、獨到的民主形式，它源自於中華民族長期形成的天下為公、相容並蓄、求同存異等優秀政治文化，源自近代以後中國政治發展的現實過程，源自中國共產黨領導人民進行革命、建設、改革長期實踐，源自新中國成立後各黨派、各團體、各民族、各階層、各界人士在政治上共同實現的偉大創造，源自改革開放以來中國在政治體制上的不斷創新，具有深厚的文化基礎、理論基礎、實踐基礎、制度基礎。

我們應該也能夠廣泛聽取人民內部各方面的意見和建議。在中國共產黨統一領導下，通過多種形式的協商，廣泛聽取意見和建議，廣泛接受批評和監督，可以廣泛達成決策和工作的最大共識，有效克服黨派和利益集團為自己的利益相互競爭甚至相互傾軋的弊端；可以廣泛暢通各種利益要求和訴求進入決策程式的渠道，有效克服不同政治力量為了維護和爭取自己的利益固執己見、排斥異己的弊端；可以廣泛形成發現和改正失誤和錯誤的機制，有效克服決策中情況不明、自以為是的弊端可以廣泛形成人民群眾參與各層次管理和治理的機制，有效克服人民群眾在國家政治生活和社會治理中無法表達、難以參與的弊端；可以廣泛凝聚全社會推進改革發展的智慧和力量，有效克服各項政策和工作共識不高、無以落實的弊端。這就是中國社會主義協商民主的獨特優勢所在。」(7)

但有一點我作為一位經常有機會與現今的年輕大學生打交道的大學教授必須指出的是，由於現今進入新時代，必須認識到新時代的青少年的思想都是非常活躍，頭腦靈敏，知識面廣而雜（由於我們國家的開放國策以及資訊科技發達所賜），因此很懂得怎樣理性地（但有時又會過份急燥或理想化地）去思考問題。但另一方面，由於他們入世不深，所以有時侯由於不能快速達到目的和滿足訴求，會覺到很徬徨和無助。有時候又會對別人的要求非常之高和過份理想化，使年輕人在心理上容易積累和充斥許多予盾和不滿的情緒。故此，如要影響到年輕人的政治取態，用大團結、大聯合、長

期共存、互相監督、肝膽相照、榮辱與共等概念去與他們溝通、對話、協商，我認為是不足夠的，而事實上也不太管用，有時可以說是在對牛彈琴，雞同鴨講。因此，我認為比較有效的方法是，我們必須採用理性、對比、擺事實、講道理的方法，從實際或實例出發，讓他們弄懂各種政治選項和選擇的優劣、實際的可行性以及國家的各種方針、政策和措施的利弊以及落實時所要面對的困難和挑戰等。我更發覺針對年輕人，並不適宜用簡單的宣教方式、歷史陳述、背誦教條、強硬的政治八股理論以及訴諸權威等方法去試圖說服和憾動年輕人；因為這樣做很容易會引起和刺激到他們的叛逆心理、入世不深的邏輯思維、比較單純的正義感和不服氣的思考方式（mindset）；同時，也容易挑起或引發青少年的一些非理性的、為反抗而反抗的激情心理和情緒的爆發。故此，在這方面我認為中國各級政府必須建立一套能有效地說服、團結和正確引導年輕人的辦法。同時我認為協商的方法也必須與時俱進，多採用理性、實事求是、多元、開放、有深度、具前瞻性（forward looking）能與年輕人有效對話和溝通的語言，以及能有效通過新媒體等技術手段去解釋和引導，從而讓年輕人容易理解、接受和參與。同時，有必要積極提供通順的渠道以及有效的機制，讓年輕人（特別是一些具有獨力思考能力的年輕人）能參與政治協商。我深信只有這樣，才能把「牢牢把握大團結大聯合的主題」的這一篇文章做好；不然，我認為就很難推動和提升現今或新一代的年輕人對政治協商的興趣和觸動到他們的心靈，讓他們成為一股支持和擁護中國的民主協商（consultative democracy）制度的重要

力量和積極的參與者，並讓他們可以擁有足夠的信心和能力，去抗衡和抵擋西方民主國家所倡導的選舉政治的衝擊和吸引力。要讓「協商民主」深入人心，能起作用，依我看還需要多做工作。

我深信，解決好這一個問題，對保障中國的長治久安不但重要而且頗為關鍵；對於有效抵禦所謂西方民主自由國家的政治思想、制度等的誘惑和衝擊會起到更佳的效果；對於解決現今不愁穿不愁吃和物質享受頗為豐富的環境下成長起來的年輕人（特別是香港的年輕人），需要滿足其精神上的需求、空虛感、寂莫感、慾望、徬徨、追求不切實際的所謂理想，會有舒緩作用；對於解決好年輕人看到存在社會上的貧富差距愈來愈大的不健康現象、官民之間的不公平現象、官僚的權力過大現象、人與人之間的各種冷漠現象、暴發戶的囂張現象以及一些官員的腐敗墮落現象等，而導致或引發年輕人直覺性的正義感和不滿情緒的容易爆發的情況的出現，可以有效的得到穩定、平靜和控制，讓年輕人的負面（negative）心態可變成為理性、積極及正面（positive）的心態。

(III) 國與國之間也要採用理性協商的方法

國與國之間如果出現摩擦、爭執、衝突，一般來說，不外乎採用兩種方法予以解決：（1）戰爭，（2）和平協商。歷來中國是一個堅持要用協商的方法來解決紛爭的國家。楊潔篪在他2017年[8]發表的一篇題為「推動構建人類命運共同體」的文章中，對這一個問題很好的説出了他的看法，他説：各國如要

「建設持久和平、普遍安全、共同繁榮、開放包容、清潔美麗的世界：（一）政治上，要互相尊重、平等協商，堅決摒棄冷戰思維和強權政治，走對話而不對抗、結伴而不結盟的國與國交往新路；（二）安全上，要堅持以對話解決爭端，以協商化解分歧，統籌應對傳統和非傳統安全威脅，反對一切形式的恐怖主義；（三）經濟上，要同舟共濟，促進貿易和投資自由化便利化，推動經濟全球化朝着更加開放、包容、普惠、平衡、共贏的方向發展；（四）文化上，要尊重世界文明多樣性，以文明交流超越文明隔閡、文明互鑒超越文明衝突、文明共存超越文明優越；（五）生態上，要堅持環境友好，合作應對氣候變化，保護好人類賴以生存的地球家園。」[8]他又說：「構建人類命運共同體思想指明了世界發展和人類未來的前進方向。當前世界發展面臨各種問題和挑戰，經濟全球化遭遇逆風，世界經濟長期低迷，發展鴻溝日益突出，地區衝突頻繁發生，恐怖主義、難民潮等全球性挑戰此起彼伏，各種社會政治思潮交鋒激盪。世界怎麼了，我們怎麼辦？國際社會對未來發展方向感到迷茫彷徨。在此背景下，習近平總書記切實回應國際社會的共同訴求，準確把握中國與世界關係的歷史性變化，在達沃斯世界論壇年會和聯合國日內瓦總部發表演講，提出了中國的全球化觀、全球治理觀，全面闡述了構建人類命運共同體重要思想，其核心歸結起來就是要和平不要戰爭，要發展不要貧窮，

要合作不要對抗，要共贏不要單贏。構建人類命運共同體思想直面當今世界最重要的問題，解決了人們心中最大的困惑，撥雲見日，為世界的發展和人類的未來指明了正確方向。」[8]

在提出要構建人類命運共同體之前，中國已與許多國家正式建立了理性對話和合作的機制及關係。其中較為有影響力的有「上海合作組織」。其成功之處在於「堅持互信、互利、平等、協商、尊重多樣文明、謀求共同發展，並強調求同存異、合作共贏」[9]，在國際上獲得廣泛的認同和支持。有人稱這種可以理性地去建立對話、協商和合作關係的做法為：「上海精神」，因為「上海精神」強調的是理性協商。用習近平的話來説[9]，就是這種處理國際關係的做法，與中國儒家「和合」的理念有相通之處，因為大家都是採用和平理性的原則來建立關係和解決問題。這是有別於美國特朗普總統經常採用的敲詐勒索手段來達致其損人利己的目的的做法，如特朗普最喜用的：「雙邊談判形式」（bilateral talk）。因為特朗普採用這樣的談判方式，使他容易達到其目的，即：保證美國能贏，而不需要與對方平等地對話和協商。採用這樣的方式來解決全球性的問題，完全是一種非理性的做法，因為這樣容易形成強脅弱、大壓小、發展的國家欺凌落後的國家的情況出現。相對來説，我認為這種「雙邊談判形式」的做法，事實上是更容易使矛盾尖銳化和對立起來以及產生更大的不公平。同時，這種談判方式也容易把問題過份聚焦、升級、僵化、極端化，而陷入互不相讓、無法妥協的困境，最後走上弱者大大的吃虧或戰爭之路。

最近，美國哈佛大學知名教授、「修昔底德陷阱」概念的提出者格雷厄姆．艾利森在他所出版的《注定一戰：中美能否走出「修昔底德陷阱」？》一書中所預測的中美注定會否一戰時表示：「中美間的競爭態勢不會改變，但需要的是有約束的競爭。確保競爭在有底線可循，雙方能有效交流的情況下進行。」[10]我認為這有一點道理，但道理的力度還不足夠和不充分，中國至少還必須考慮怎樣爭取永遠站在道德高地和自強不息的狀態之下，採取主動積極的和平攻勢以及包容、共商和合作的態度，來對付美國的壓力和進攻。在有可能需長期與美國競爭和博奕的道路上，也不要忘記：狹路相逢、勇者勝的道理。像美國特朗普總統這種被所謂自由民主政治體制選出來的「狂人」，不管他如何自大，想如何去顯現自己的威風以及怎樣去吹奏美國第一之曲，從人類進化的歷史角度來看，只不過是曇花一現的瞬間之事；是一小點塵埃在人類進化的光束中引發的一閃火花；是人類命運演進過程中的一道小坎，對於美國特朗普總統，我們只需把他看成為一個在耍玩着小把戲逗人哭笑不得的小丑。我們在戰略上不需要把他的能耐過分誇大和高估，也無需懼怕他；但從戰術的角度，必須重視他和有效地加以約束！譬如，就由美國挑起的中美貿易戰來説，擺放在中美之間的只有三項選擇：（1）讓中美貿易戰繼續打下去，這樣其結果必定是兩敗俱傷；（2）讓中美貿易戰延伸之軍事上的較量，而其結果是中美之間很有可能會擦槍走火而直接開戰；（3）雙方坐下來理智地展開談判和解決問題。而在這方面中國的態度向來都是很明確和一貫的，就是希望第（3）項選擇可以實現，因為這是最理智

和最理想的選擇。而現在要看的是，美國什麼時候能夠清醒過來（be able to come to its sense）和聰明理智起來作出同樣的選擇或暫時妥協。

(IV) 理性與法律的關係

「法律是莊嚴的，偉大的、值得尊敬的，它的權威並不來自它的暴力強制性，而來自它的理性、正義性。」[11]有關理性與法律之間的關係的問題，不但涉及的範圍寬廣而且複雜，在這裏由於篇幅的限制，他們兩者之間的關係，不是一言兩語可以說得清楚的。但有一點我想指出的，譬如，就拿現代社會的未來發展，以及與人類命運可以怎樣繼續進化最為基本及有密切關係的現代「公法與私法」來說，怎樣可以讓兩者不出現矛盾或對立，而能理性地相互協調、妥協和平衡，以及怎樣能夠從理論上，為他們作出清晰理性的定義、分野、解釋等，都是長期困擾現代社會和人類文明，能否進一步自我提升的重要問題。這些問題非常棘手，現今似乎仍然停留在很不理性的混亂狀態，譬如：就人權的問題來說，許多西方國家就總喜歡拿它當武器來使用，打壓、勒索其它不同政治體制的國家。類此這些問題，又應如何可以理性地予以作出解決呢？

在回答類似這些問題之前，讓我根據陳弘毅[11]的說法，先解釋一下我們現今對「公法與私法」的認知和理解，看看到底已去到了哪個程度。

「私法的領域，便是市場經濟和公民社會（即非由國家政府控制的團體或個人的活動）；公法的領域，則是國家和政府。公法規定政府組織，規

範它的運作，從而保障各種人權和產權。而私法的基本原則，則包括私人間訂立契約（合同）的自由，財產權益不容侵犯，侵權行為所引致的法律責任決定於過失（疏忽）的存在等。私法是關於平等的主體，以自己自由意願所創設的法律權利和義務關係，而公法則是關於統治與服從的從上而下的權威行使，公法的規範有它的強制性，國民沒有選擇餘地，必須遵守。私法的目的，是保障私人的利益；公法則保障公共的、集體的、社會的利益。到了20世紀，法學界漸漸達成一種共識，便是認為現代法律發展的大趨勢，是『私法的公法化』，私法和公法的界限變得模糊。」[11]

由於這一情況的出現，私法的保障私人的利益的目的與公法保障公共的、集體的、社會的利益，不論在哪一個國家（姑勿論那個國家採用哪種政治體制）都經常會出現矛盾（有時矛盾還非常尖銳和頻繁地引發暴亂及戰爭）。而假如人類對於這一個問題，無法理性地想辦法加以妥協或予以解決，那麼人類文明雖然已進入新時代，但法治的理性的一面，將仍然是會無法得到真正的彰顯的。而這不但會影響人類命運以及世界文明的演化進程，同時也會使人類命運以及人類社會的進化，難以達致建立人類命運共同體的這樣一個更高層次的進化階段。換言之，假如人類對於這一個問題，真的無法理性地作出妥協和尋求到解決辦法，那麼人類的命運，將會永遠地被陷入在長期的坎坷和苦難中；而這離人類在長期的進化過程中所追求的人類的整體的幸福，以及人類命運能否有尊嚴地繼續朝着真正的自由、民主的方向邁進及發展，而非西方式的自由、民主的方向邁進及發展，也會變得愈來愈困難。

而我相信，人類命運共同體的構建，正是要解決人類在發展演化過程中所遇到的這種困境。另一方面，也可以這樣來看待這個問題：即我們必須相信，人類的進化已到達了，開始能夠理解到人類命運的演進，只能靠理性的方式來繼續推動，方能走出困局。具體一點，也就是說：任何國家只能利用完善的法治、高尚的道德觀、公平正義的理念、合理的對自由的訴求、以及懂得民主體制是具多樣性的，這樣一個道理〔註：但可惜，暫時似乎還沒有這樣一種共識〕，才有可能真正有效地推動人類命運的演進和構建人類命運共同體。換言之，也只有建基於人類的理性思維、理性考量、理性判斷和選擇（而不是什麼宗教神權、獨裁威權、民粹專權、單邊霸權、追求極端個人主義的唯人權論者所堅持的那種超現實的自由和民主），才能夠充份讓人類達致更幸福的境界。我深信，假如人類棄理性或不繼續堅持用理性〔註：我用的是最廣義的涵義〕 (12) 來解決問題，而去追求任何權威或專制的方法，都不是解決問題的辦法，都不可能為人類命運的演進和進化〔註：演進和進化的區別，簡單地說：演進並不一定有方向性，可以是很隨機的（random）；進化是有方向性的，一般是從低到高〕帶來任何好處。

(V) 中國理性選擇走自己的發展道路

　　在人類社會的發展過程中，人類需要走怎樣的發展道路，都要作出許多躍進式和漸進式的選擇，只要這些選擇符合客觀的歷史發展規律，這些選擇都一定具理性因素。譬如，「中國共產黨領導中國人民取得了新民主主義革命的勝利，又經過社會主義革命，建立了社會主義制度，這具有歷史合理性，符合

歷史發展規律。」[13] 因此，中國「選擇社會主義道路完全符合人類社會發展規律，是站在未來發展的高位階中的理性選擇。」[13] 正因為中國能理性地作出正確的選擇，中國的發展才會如此成功，形成了世界公認的「中國道路」。北京師範大學徐斌教授[13] 分析指出：「中國經驗證明，每個國家，每個民族由於歷史文化傳統不同，所處的歷史階段不同，面臨的形勢和問題不同，人民群眾的需要和要求不同，它們實現發展、造福人民的具體道路當然可以不同，而且必須不同。只要堅守追求國家發展和人民幸福的「道」不變，每一個國家和民族的具體道路、方向和方法不能定於一尊，必須因時而異、因地制宜、因勢而變，適合的才是最好的。」[13] 而我進一步認為，這也應是最符合「適者生存」的理念，最理性的、最理想的、最符合人類命運進化和構建人類命運共同體所需遵循的發展和前進模式。對於這方面的許多論證，我不預備在這裏多舉例子了，大家可參考徐斌等在《理性的選擇》[13] 一書中的有關論述。

最後，我想特別指出的是，用理性或理性的標準來治國理政以及處理國際事務和建立好國際關係等，肯定是最理想的做法。但遺憾的是有些時候，由於未能充份發揮好理性的力量和作用，往往在治國理政以及處理國際事務和建立好國際關係等事時，有些人或國家會（有時只是借用理性之名）做出一些非理性之事。舉例：一些西方的國家，曾經搞過的殖民主義（colonialism）（現今已經很少了），就是借理性之名而使殖民主義盛行起來的。從殖民者的角度來看，他們當然會認為，殖民其他國家，是很合理的做法；但對被殖民者或國家來說，當然他們的想法會完全不一樣，認為這是一種非常不理性、不合理和錯誤的做

法。故此，如要理性地去解決任何治國理政以及處理國際事務和建立好國際關係等問題，我認為首要的，必須把理性所涵蓋的各種元素發揮好，而特別重要的是以下九種基本要素：1.實事求是（seeking truth from facts）；2.避免摩擦（avoid conflict）；3.堅持和平（peace-loving）；4.互相尊重（mutual respect）；5.平等互利（equal and mutually beneficial）；6.公平正義（fair and just）；7.循規守法（uphold the rule of law）；8.善用實踐理性（fully utilize practice-based reasoning and experimentation）；9.保證可持續發展（sustainability）。

◆◆◆ 參考資料

(1) 傅佩榮，《西方哲學史》，2011年，聯經，第167，175頁。

(2) [英] 羅素著，《西方哲學史》(下卷)，1961，商務印書館叢書，第48頁。

(3) 2018年5月18日，習近平在北京召開的全國生態環境保護大會上講話，香港《文匯報》，2018年5月20日，第 (A3) 版撮要。

(4) 習近平，《共同構建人類命運共同體》，2017年1月18日，在聯合國日內瓦總部的講話，人民出版社 (單行本)，第29頁。

(5) 習近平，〈努力走向社會主義生態文明新時代〉，《習近平談治國理政》，2014年，外文出版社，第208-210頁。

(6) 習近平，2017年10月18日，在中國共產黨第十九次全國代表大會上的報告，《黨的十九大報告》輔導讀本，2017年，人民出版社，第37-38頁。

(7) 習近平，〈推進協商民主廣泛多層制度化發展〉，《習近平談治國理政》，2014年，外文出版社，第293-296頁。

(8) 楊潔篪，〈推動構建人類命運共同體〉，《黨的十九大報告》輔導讀本，2017年，人民出版社，第91-93，96頁。

(9) 香港《文匯報》報導，2018年6月10日，A1/16版。

(10) 〈中美需進行有約束的競爭〉，《參考消息》，特別報道，2018年10月9日。

(11) 陳弘毅著，《西方文明中的法治和人權》，2013年，商務印書館，第4，8-9頁。

(12) 請參考：陳樂民著，《歐洲文明十五講》一書中的有關論述。香港中和出版有限公司，2019年。

(13) 徐斌等著，《理性的選擇》，2019年，北京聯合出版公司，第003，008頁。

第3章
科學 (Science) 和科學發展觀的建立對人類命運進化的影響

(一) 科學威信的建立

　　英國著名哲學家羅素説:「通常謂之『近代』的這段歷史時期,人的思想見解和中古時期的思想見解有許多不同。其中有兩點最重要,即教會的威信衰落下去,科學的威信逐步上升。」[1]

　　　中古時期,「在義大利文藝復興運動中,科學只是佔一個極微末的地位。」「科學的第一次大入侵是1543年哥白尼學説的發表;不過這學説直到十七世紀經過開普勒和伽利略着手改進,才開始得勢。隨後揭開了科學與教義之間的長期戰鬥的序幕,這場戰鬥中守舊派在新知識面前打了敗戰。科學的威信是近代大多數哲學家都承認的;由於它不是統治威信,而是理智上的威信,所以是一種和教會威信大不相同的東西。否認它的人並不遭到懲罰;承認它的人也絕不為從現實利益出發的任何道理所左右。它在本質上求理性裁斷,全憑這點制勝。

　　並且,這是一種片段不全的威信;不像天主教的那套教義,設下一個完備的體系,概括人間道德、人類的希望,以及宇宙的過去和未來的歷史。它只對當時似乎已由科學判明的事情表示意見,這在無知的茫茫大海中只不過是個小島。另外還有一點與教會威

信不同：**教會威信宣稱自己的論斷絕對確實，萬年更改不了；科學的論斷卻是在蓋然性的基礎上，按嘗試的方式提出來的，認為難免要修正。這使人產生一種和中世紀教義學者的心理氣質截然不同的氣質。到此為止，我談的一直是理論科學，理論科學是企圖了解世界的科學。實用科學是企圖變革世界的科學，自始以來就是重要的而且重要性還一直不斷地增長，最後幾乎把理論科學從一般的心念裏驅逐了出去。科學的實際重要性，首先是從戰爭方面認識的；伽利略和雷奧納都自稱會改良大炮和築城術，因此獲得了政府的職務。從那個時代以來，科學家在戰爭中起的作用就愈來愈大。至於發展機器生產，讓居民們先習慣使用蒸汽，後來習慣使用電力，科學家在這方面起的作用則比較晚，而且這種作用直到十九世紀末葉才開始有重大的政治影響。」**[1]

從上面羅素對科學的簡略發展史的陳述，我們可以看到科學要到十九世紀末葉才開始有重大的政治影響。但不要認為科學從那時候開始便已把宗教徹底打垮了！沒有，遠遠沒有。從最近美國哈佛大學心理學教授史提文·賓可（Steven Pinker）在他所著的一本名為《新啟蒙運動》的書中指出[2]，現今美國仍然有強大的宗教勢力和右派在公開反對科學，譬如他們反對進化論，不相信地球在變暖和等。美國特朗普總統就是這一類人，他一上台，便立刻讓美國退出《巴黎協定》（*Paris Agreement*），認為地球變暖是假的科學結論，是一種經濟政治陰謀！

史提文‧賓可認為美國為什麼會有這麼多的人（特別是一些右翼政客，American right-wing politicians）不相信和反對科學呢？其主要原因，他認為是因為，如 C.P. Snow 在他1959年出版的一本名為《兩種文化》（*The Two Cultures*） 的書中所揭示的，在英國的知識份子界內存在着受過和有着「文」（humanities） 或「理」（science）兩種不同教育背景的人的思想狀況和認知方面的局限性以及看問題時所呈現的固執和偏見。這種情況在美國也存在，造成 「文」 與 「理」兩類知識分子，互不溝通（或無法溝通），並堅持己見，形成兩者之間無法理性討論和思想互通的局面及後果的產生。

（二） 從科學到科學發展觀的飛躍

科學革命可以説是歐洲文藝復興運動的最終表現，對人類社會的發展有着極其重要的影響。羅素在《西方哲學史》一書中分析指出，在他

「所考察的各派哲學向來都得到了傳統上的、文學上的或政治上的啟發。但是，哲學見解另外還有兩個根源，即科學和機器生產。第二個根源在學理上的影響是從馬克思開始的，從那時起逐漸重要起來。第一個根源從十七世紀以來一向很重要，但是在十九世紀當中有了種種新的形式。」[1]

從上面羅素的陳述，我們可以看到卡爾‧馬克思的哲學理論與科學是有聯繫的。那麼馬克思到底是怎樣的一個人？他做了些什麼？與科學建立了什麼關係？

「卡爾・馬克思通常在人們心目中是這樣一個人：他自稱把社會主義做成了科學的社會主義；他比任何人都作出更多貢獻，創造了一個強大的運動，通過對人的吸引和排斥，支配了歐洲近期的歷史。」[1]

「他是一個復興唯物主義的人，給唯物主義加上新的解釋；使他和人類歷史有了新的關聯。再從另一方面看，他是大體系締造者當中最後一人，是黑格爾的後繼者，而且也像黑格爾一樣，是相信有一個合理的公式概括人類進化的人。」[1]

「他總是極希望講求證據，從不信賴任何超科學的直觀。」「馬克思把自己叫做唯物主義者，但不是十八世紀的那種唯物主義者。他在黑格爾哲學的影響下，把他那種唯物主義稱作『辯證』唯物主義，這種唯物主義同傳統的唯物主義有很重要的不同，倒比較近乎現在所說的工具主義。他說，舊唯物主義誤把感覺作用看成是被動的，因而把活動基本上歸之於客體。依馬克思的意見，一切感覺作用或知覺作用都是主體和客體的交互作用；赤裸裸的客體，離開了知覺者的活動，只是原材料，這原材料在被認識到的過程中發生轉變。被動的觀照這種舊意義的認識是個非現實的抽像概念；實際發生的過程是處理事物的過程。」「人的思維是否具有客觀的真理性，這並不是一個理論的問題，而是一個實踐的問題」。他這樣講「人應該在實踐中証明自己思維的真理性，即

自己思維的現實性和力量，……」。「關於離開實踐的思維是否具有現實性的爭論是一個純粹經院哲學的問題。……哲學家們只是用不同的方式解釋世界，而問題在於改變世界。」「我想，我們可以把馬克思的主張解釋成指這個意思：哲學家們向來稱作是追求認識的那種過程，並不像以往認為的那樣，是客體恒定不變，而一切適應全在認識者的一方面的過程。事實相反，主體與客體、認識者與被認識者的事物，都是在不斷的相互適應過程中。因為這過程永遠不充分完結，他把它叫做『辯證的』過程。」[1]「在馬克思看來，推進力其實是人對物質的關係，其中最重要部分是人的生產方式。這樣，馬克思的唯物論實際上變成了經濟學。據馬克思的意見，人類歷史上任何時代的政治、宗教、哲學和藝術，都是那個時代的生產方式的結果，退一步講也是分配方式的結果。」[1]

中國是現今實際上唯一個能夠比較成功和有效地堅持應用馬克思的辯證唯物主義、歷史唯物主義世界觀和方法論來推動及發展社會、經濟的國家。中國依靠這些理論和實踐提供科學依據，來制定和執行各種治國理政的方針政策、策略和戰略，從而推動社會的進步及現代化的任務，並利用這種推動力來全面建設小康社會以及逐步建立新時代中國特色社會主義國家和構建人類命運共同體。而更重要的是中國之能這樣做，是因為中國基本掌握了（當然也在過程中走了不少彎路和作出許多具中國化的適應和變更，即

本地化（localization）的適應和變更）科學發展觀的內涵和要求，把從屬科學發展觀範疇的科學理論、科學方法、科學規律成功地納入發展的軌道中去考慮問題和進行實踐驗證。用較為概括抽象一點的說法，即把原本是相對靜態（relatively static）的科學及其中性或無傾向性的性質（neutral stance），變成為具動態的（dynamic）、有原動力的（initiative）、有目的的（purposeful)、能自身不斷持續發展（sustainable）、具有方向性的（direction），能指導發展經濟社會（progressive）的觀念和手段。可以這樣說，科學發展觀的提出，是對本來比較單純的科學觀念的一種提升及延伸，使科學可以更容易被用來認知和揭示各種規律（包括自然規律、人類世界的各種發展和社會變化規律等）；同時，可以用來客觀、有效地去指導和推動經濟對社會的發展的影響。但科學發展觀仍然沒有脫離科學所要求的必須經過實踐的驗證，才能成為真理這一定律 --- 也就是說：實踐仍然是檢驗科學發展觀實效性的唯一標準和方法；是檢驗科學的發展及其所顯現的客觀規律和真理的真實性的唯一途徑。

胡錦濤2004年3月10日在中央人口資源環境工作座談會上的講話中清楚闡明提出「科學發展觀」的由來，他說：

「『科學發展觀』總結了二十多年來我國改革開放和現代化建設的成功經驗，汲取了世界上其他國家在發展過程中的經驗教訓，概括了戰勝非典疫情給我們的重要啟示，揭示了經濟社會發展的客觀規律，反映了我們黨對發展問題的新認識。」[3]

在同一講話中胡錦濤強調：「樹立了和落實科學發展觀，首先必須全面正確把握科學發展觀的深涵和基本要求。堅持以人為本，就是要以實現人的全面發展為目標，從人民群眾根本利益出發謀發展、促發展，不斷滿足人民群眾日益增長的物質文化需要，切實保障人民群眾經濟、政治、文化權益，讓發展成果惠及全體人民。全面發展，就是要以經濟建設為中心，全面推進經濟、政治、文化建設，實現經濟發展和社會全面進步。協調發展，就是要統籌城鄉發展、統籌區域發展、統籌經濟社會發展、統籌人與自然和諧發展、統籌國內發展和對外開放，推進生產力和生產關係、經濟基礎和上層建築相協調，推進經濟、政治、文化建設各個環節各方面相協調。可持續發展，就是要促進人與自然的和諧，實現經濟發展和人口、資源、環境相協調，堅持走生產發展、生活富裕、生態良好的文明發展道路，保證一代接一代永續發展。樹立和落實科學發展觀，必須在經濟發展的基礎上，推動社會全面進步和人的全面發展，促進社會主義物質文明、政治文明、精神文明協調發展。樹立和落實科學發展觀，必須着力提高經濟增長質量和效益，努力實現速度和結構、質量、效益相統一，經濟發展和人口、資源、環境相協調，不斷保護和增強發展的可持續性。」[3]

從現今世界局勢的變化來看，用科學發展觀把握好建設特色社會主

義的建設規律，時代潮流和平發展的趨勢規律，經濟社會演進規律，人類命

運自身進化規律，歷史前進規律，世界大勢展現規律，變革創新規律等，

不但對中國重要，對維護世界和平和堅持人類命運朝正面的方向（positive

direction）發展，都非常重要。而從人類的認知和認識世界以及持續推動人

類命運進化的進程的角度來看，則更是不可或缺的關鍵環節。

（三）科學技術引領世界未來的發展

18世紀歐洲的啟蒙運動肯定了科學的存在。而其重要性對人類社會的發展來

說，除了打敗了宗教權威之外，還顯示了科學技術對經濟社會發展起到了引領

未來發展的強大主導作用和力量：特別是現今人類已進入一個科技大發展、日

新月異和經常出現具顛覆性的新科技時代。正如2018年5月28日習近平在中國科

學院第十九次院士大會、中國工程院第十四次院士大會上的講話中所指出的：

> 「進入21世紀以來，全球科技創新進入空前密集活躍的時期，新
>
> 一輪科技革命和產業變革正在重構全球創新版圖、重塑全球經濟
>
> 結構。」[4]　「資訊、生命、製造、能源、空間、海洋等的原創突
>
> 破為前沿技術，顛覆性技術提供了更多創新源泉，學科之間、科
>
> 學和技術之間、自然科學和人文社會科學之間日益呈現交叉融合
>
> 趨勢，科學技術從來沒有像今天這樣深刻影響着國家前途命運，
>
> 從來沒有像今天這樣深刻影響着人民生活福祉。」[4]

無可置疑，就長遠來看，任何國家如要成為世界主要科學中心，就必須

先搶佔科技創新高地，重視基礎研究，把核心技術掌控在自己手中，特別是要大力發展工程科技，因為「工程科技是推動人類進步的發動機，是產業革命、經濟發展、社會進步的有力槓桿。」[4] 習近平還指出說：「科學技術是世界性的、時代性的，發展科學技術必須具有全球視野。」[4]但另一方面，也必須看到科學技術是非常具競爭性的，如要在這競爭激烈的過程中勝出，必須勇於做新時代科技創新的排頭兵、領軍者。這也就是為什麼習近平在中國科學院第十九次院士大會、中國工程院第十四次院士大會上的講話中強調說：

> 「我們堅持走中國特色自主創新道路，堅持創新是第一動力，堅持抓創新是抓發展、謀創新就是謀未來，明確我國科技創新主攻方向和突破口，努力實現優勢領域、關鍵技術重大突破，主要創新指標進入世界前列。」[4]
>
> 但我們也要「堅持融入全球科技創新網絡，樹立人類命運共同體意識，深入參與全球科技創新治理，主動發起全球性創新議題，全面提高我國科技創新的全球化水準和國際影響力，我國對世界科技創新貢獻率大幅提高，我國成為全球創新貢獻版圖中日益重要的一極。」[4]

從上面所引的幾段話，我們可以清楚看到，習近平明確指出了：「創新決勝未來，改革關乎國運」[4]的真理，而這一認知對中國的未來發展可以說是非常非常的重要！

在《2018世界人工智能（AI）大會》開幕會上，習近平對讓科技為人類進步發揮更大作用以及顯示科技發展觀在當代和未來將會呈現的推動力作出了很多具説服力的總結，他説：

「科學技術是第一生產力，創新是引領發展的第一動力。當前，全球新一輪科技革命孕育興起，正在深刻影響世界發展格局，深刻改變人類生產生活方式。加強科技產業界和社會各界的協同創新，促進各國開放合作，是讓科技發展為人類社會進步發揮更大作用的重要途徑。」[5]

故此，可以這樣説，科技和創新是引領人類命運未來發展和進化的重要動力源。2019年習近平在第10期《求是》雜誌的一篇題為：《深入理解新發展理念》的文章中重點指出，中國不但「要着力實施創新驅動發展戰略」，而同時「要着力增強發展的整體性協調性」。從中國的發展來看，所謂的整體性協調性的意思是：「協調既是發展手段又是發展目標，同時還是評價發展的標準和尺度，是發展兩點論和重點論的統一，是發展短板和潛力的統一。」[6] 中國運用辯證法來「處理好局部和全局、當前和長遠、重點和非重點的關係，着力推動區域協調發展、城鄉協調發展、物質文明和精神文明協調發展，推動經濟建設和國防建設融合發展。」[6] 可以説是推動中國發展成功之匙。

不過，從長遠來看，世界未來的發展以及人類命運的進化，除了要重視整體性協調性之外，還要視乎人類是否能夠在科學技術創新方面，多做有益

人類生存和繁衍的事，少做或不做任何顛覆人性或毀滅人類之事。其次，還要看在「普及科學知識、弘揚科學精神、傳播科學方法積極交流互鑒，為增強公眾科學素質、促進科學成果共享、推動構建人類命運共同體」[7]方面，能否不斷地作出理智的，符合人類命運發展和進化的，正確選擇和抉擇。

參考資料

(1) 羅素著，《西方哲學史》（下），商務印書館，譯叢，1982年，第2-3，295，308-371頁。

(2) Pinker, S., *Enlightenment Now - The Case for Reason, Science, Humanism, and Progress*，2018, Viking，第389頁。

(3) 《胡錦濤文選》（第二卷），〈準確把握科學發展觀的深刻內涵和基本要求〉，人民出版社，第166-167頁。

(4) 習近平，《在中國科學院第十九次院士大會、中國工程院第十四次院士大會上的講話》，2018年5月28日。

(5) 〈2018世界人工智能(AI)大會〉，香港《文滙報》，A18 中國新聞，2018年9月18日。

(6) 習近平，〈深入理解新發展理念〉，《求是》雜誌，第10期，2019年5月16日出版。

(7) 習近平致世界公眾科學素質促進大會賀信，2018年9月17日在北京召開，香港《文滙報》，A18 中國新聞，2018年9月18日。

第4章
人文主義(Humanism)對人類命運進化的影響

除了科學與理性之外，人文主義（humanism）的出現（emergence）和發展（development）對人類命運及社會進化的推動也起了很重要和關鍵作用。從人類歷史發展的角度來看，在西方國家所顯現和發展起來的人文主義，長期以來直至現今，都無法擺脫與宗教的關係（或受到宗教文化的拉扯、牽引和影響）。因此，長期西方的人文主義所推崇或追求的價值觀，或多或少都帶有宗教色彩。就算經過多年的共產主義統治的前蘇聯以及現在的俄羅斯，也似乎無法完全擺脫宗教文化對其所顯現的人文主義的影響，因此也似乎無法形成屬於蘇聯或俄羅斯自已，較為獨立和獨特的完全能夠脫離宗教影響的人文主義的價值觀和人生觀等。對於宗教與人文主義之間在這方面的種種問題，美國學者史提文.賓可，在他最近出版的《新啟蒙運動》一書中有詳盡的陳述和分析[1]，我在這方面就不預備再作論述了。在這裏我只想指出，像史提文.賓可這樣具有一定代表性的現代新啟蒙運動的支持者和宣傳者，對西方的人文主義是怎樣的看法？作出怎樣的定位？是很值得研究和參考的。因為西方的人文主義，是經過一段頗長時間的演化和發展，並受到不同的思潮的影響，然後再逐步變化，形成眾多不同形式的表達方式以及現今我們所能看到被彰顯和強調的思想體系、思維方式、人文主義精神等。其次，西方的人文主義，在不同的歷史階段還被賦予了許多不同的意義。西方

的人文主義對於不同的問題，更提供了多種不同的答案和解答方法以及許多新的發展方向和指引等。並且還在發展的過程中，出現了許多不同的派系和被冠以不同的名稱，例如： 基督教人文主義；科技人文主義；馬克斯人文主義等。[2]

現在讓我們來看一下中國的情況。這我們可把其分成三個階段來加以闡述：（一）中國原有的人文主義階段；（二）西方的人文主義入侵後的階段；（三）中國進入新時代所倡導的人文主義階段.

(一)中國原有的人文主義階段

中國有五千多年不間斷的文化和文明發展史，其所顯現的所謂「東方價值」又是以群體和家族為中心，與西方比較重點強調的以個人為中心的人文主義存有相當大的差別。湯一介在他發表的「中國傳統文化對當今人類社會之貢獻」一文中指出:「我們知道中國文化是當今人類社會多元化中的一元，而這個一元又實際上包含着多元，因為我們是個多民族的國家。費孝通教授認為，我們的國家是多元一體。中國文化和其他國家民族的文化一樣在歷史上曾經對人類社會發生過重大影響，他既有能為當今人類社會發展提供積極有價值的資源，又有不適應甚至阻礙當今社會發展的消極的方面，我們不能認為中國傳統文化可以是包治百病的萬能良藥。」[3]

在同一篇文章中湯一介指出:「21世紀人類要生存和發展必須實現和平共處，也就是要解決好人與人之間的關係，擴而大之就是要解決好民族與民

族、國家與國家、地域與地域之間的關係。我想孔子的仁學和道家自然無為的思想可以為這方面提供某些積極的有價值的資源。人類要共同持續發展就不僅要解決好人與人之間的關係，而且還要解決好人與自然之間的關係，儒家天人合一的思想和道家崇尚自然的思想可以為解決這方面的問題提供十分有意義的借鑒。」⁽³⁾

在文中他還指出：「儒家的仁學為協調人與人之間，當然包括民族與民族、國家與國家、地域與地域之間的關係提供了有積極意義的資源。」下面再選引湯一介的一些話，詳細地展開說明一下。他說⁽³⁾：

「人與人之間的關係是從感情開始建立的，這是孔子仁學的基本出發點。」

「《中庸》這篇文章中引用孔子的話：『仁者，人也，親親為大』『仁』是什麼呢？就是人自身，自身是一種品德。『親親為大』就是愛你自己的親人是最根本的出發點。」

「愛自己的親人推廣到仁民，就是要仁愛老百姓，就是說要『要推己及人』，要『老吾老以及人之老，幼吾幼以及人之幼』，才叫做『仁』。」

「要把『仁』推廣到整個社會，這就是孔子說的『克己復禮為仁，一日克己復禮，天下歸仁。為仁由己，而由人乎哉？』」

「『克己才能復禮，復禮是取得進入社會成為一個社會人的必要條件，揚己和克己也許正是東西文化差別的一個關鍵』。『揚己』就

是表揚自己，只說自己是如何如何好，『揚己』和『克己』也許正是東西文化的差異的一個關鍵。」

「治國平天下就應該行仁政、行王道，不應該行霸道。」

「孔子這套仁學的理論雖然不能解決當今人類社會存在的人與人之間的關係的全部問題，但是作為一種建立在道德形而上學基礎上的律己的道德要求，作為調節人與人之間的關係的一條準則，使人們和諧相處，無疑仍然有現實意義。」

「孔子把『和而不同』看成在人與人之間出現分歧的時候，處理事情的一條原則，這一條原則對於解決國家與民族之間的糾紛應該是非常有意義的。特別是不同國家與民族之間因文化上的不同，例如宗教信仰不同、價值觀念不同等等引起的矛盾衝突，把『和而不同』作為解決紛爭的原則應該是非常重要的。」

「如果我們說孔子是一個仁者，那麼老子應該是一個智者。老子『道德經』一書中，『道』是他基本概念，而『自然無為』是道的基本特徵。」

「今天人類社會之所以存在種種紛爭，無疑是由於貪婪地追求權力和金錢所引起的，那些強國為了私利，擴張自己的勢力，掠奪弱國的資源，實行強權政治，正是世界混亂無序的根源。」

「儒家的『天人合一』的思想為解決人與自然的關係提供了一個有意義的思想。」

「然而中國哲學在思維方式上與它有根本的不同，中國儒家認為研究天、天道或者自然規律不能不牽涉到人，研究人也不能不牽涉到天。」

「西方的道德哲學、倫理學有一個非常大的問題，就是西方的道德哲學、倫理學是理論，它並不一定要實踐，中國完全不一樣，它的理論一定要實踐，修身一定要齊家、治國、平天下，這是一系列的。中國講知行合一，知就必須行，知而沒有行的話，就不是真知。王揚明講：『知是行的主意，行是知的功夫，知是行之始，行是知之成』。」

「儒家的仁學和道家的道論可以說形成了一種互補的形式，儒家注重的是積極治世，因為它要修身、治國、平天下，要求用它的道德理想來治國、平天下，因此它對人的心性做了充分的分析討論，它是講人的問題的。道家注重的是消極的應世，要求人應該以順應自然、少私寡慾的超世理想來應世，因此它對人類在自然中應佔的地位做了比較充分的討論，人只是自然的一部分，你不要誇大，把人看成是什麼都能幹的，那是不行的。」

「『天人合一』這個學說，今天看起來天人不能分開是很好的，但這種思維方式會妨礙中國科學的進步，老從天人不能分開來考慮，因此就沒有去對客體做具體的分析，就缺乏把客體做為一個認識的對象來進行研究，所以中國的認識論和邏輯學不發達。實際上是

應該把天人分開來研究、分開來考慮之後再把它們合起來，看出兩者之間的統一關係，那才是比較理想的。今天已經認識到這個問題了，我們把它合在一起，從思維模式上講是不錯的，但是並沒有首先把客體作為一個對象來進行研究，所以我們科學不能發展起來。所以向西方學習是必要的，但是我們要立足於我們自己的傳統，因此我們必須給儒家和道家思想一個適當的定位、一個新的解釋，使它成為具有現代意義的哲學。」

從以上所引湯一介的一些分析，我們可以看到中國的孔子和老子的學說，對影響中國的人文主義的建立和發展起到了極其重要的作用和深遠的影響。這些屬於中國原有的人文主義的思想學說，直至現今在許多方面都還應用得着。譬如，習近平在2018年6月23日「中央外事工作會議」上所強調的「新時代中國特色社會主義外交思想」，就包涵了許多中國原有的人文主義精神的概念，在這裏我選了其中一些有關的概念（劃線部分）作為例子，説明一下：

「與發展中國家攜手共進、共同發展新局面，中國必須堅持正確義利觀；在推動構建人類命運共同體時，要堅持以維護世界和平、促進共同發展為宗旨；在推動『一帶一路』建設時，要堅持以共商共建共享為原則；

在引領全球治理體系改革時，要堅持以公平正義為理念，以相互尊重、合作共贏為基礎走和平發展道路。」[4]

習近平在會議上還指出，現今中國正 **「處於近代以來最好的發展時期，世界處於百年未有之大變局，兩者同步交織、相互激盪。」**[(4)]中國假如能夠把中國原有的人文主義精神的一些關鍵元素，再加上創新的含有原有的好的中國人文主義元素的外交理論和實踐，包容地、融合地、有效地與西方的一些優良的人文主義價值觀等予以整合和融合；肯定能為世界多極化的態勢的穩步發展，國與國之間的合作共贏，攜手和平共進地走上全球化調整、變革的道路，為構建中國所倡導的人類命運共同體，創造並提供足夠的條件、資源等來打牢良好的基礎，使人類命運共同體能夠早日實現；為人類文明發展史釘上一個釘子；為未來長遠的人類命運進化的路程（evolutionary human fate）明確方向和排除障礙。

（二）西方的人文主義入侵後的階段

西方的人文主義是伴隨着西方的帝國主義、殖民主義以及天主教和基督教的入侵而傳入中國的。西方人文主義所推崇的英、美式的民主、自由、人權等，長期在中國未能真正站穩腳和被全部接受，並在新中國成立後，被中國共產黨給予了合乎中國國情和發展的新的解釋和定位。

但另一方面，西方的人文主義被引入中國後也有很快成功地被接受的一些地方，那就是西方的人文主義為中國帶來了民族主義和國家意識。而中國現今能夠如此快速的崛起，我認為民族主義和國家意識的能夠在中國很快落地生根，並起着一種使中華民族凝聚起來的刺激和催化作用，是有一定連

帶關係的。但另一方面，幸運的是民族主義在中國並沒有朝向極端的民粹主義的歪路上去發展，這我認為可能是由於受到中國原有的人文主義具有很大的包容性和開放性所致。而這與鄭永年教授在他所著的名為《中國的文明復興》一書中所指出的，也有可能與中國的儒學的影響有關；因為他認為「**儒學的包容和開放性使得其有能力吸收和消化當今時代的各種主義（包括民族主義在內）。**」(5)

從整體的來看，世界上其他許多國家的發展如同中國那樣，都沒有停留或局限在民族主義這一層面，而不再向前發展了；而是受着科技發展的推動，朝着創建全球化時代的方向在不斷快速地前進和發展。現今經濟全球化潮流滾滾向前，已勢不可擋。但遺憾的是自2016年開始，由於貿易保護主義的抬頭，民族主義逐漸在一些西方國家演化成為民粹主義，不但破壞了國與國之間的正常貿易關係，同時也破壞了世界多極化的發展趨勢。但中國意識到，這種破壞性的趨勢的出現，已採取措施統籌國內外兩個大局，牢牢把握住服務民族復興、促進人類進步這條主線，正在不斷努力引領、推動和為開創中國特色大國外交新關係、新局面；為構建人類命運共同體；為達致世界穩定和平，在不懈努力、凝聚共識和創造力量；並把有關工作有序地做好及作出貢獻。

西方的人文主義入侵中國後，與中國原有的人文主義最難融合和被接受的部分就是有關西方式的人權的問題。人權是西方人文主義其中一個重要的元素和核心價值（ core value ）。最近香港《星島日報》對這一個問題，2018年6月

24日就美國強行把非法移民的年幼子女從父母身邊帶走這一件事,在社論中作出了相當精準和到位的分析和評論。在這裏我引社論中的一些話供大家分享 (6):

「美國政府向來在外交上打『人權牌』,令自己在國際關係層面上處於道德高地,把美國價值觀推廣為普世價值觀,這價值觀有不少符合人道主義的內容,但是,倡議這價值觀的人是否親身遵行,就大有『聽其言,觀其行』的必要。」

「今次的『骨肉分離』事件,源自特朗普要履行其針對非法移民的承諾,特朗普指移民搶掉美國人的飯碗,破壞美國治安。」

「新政策實施多月來,已經有接近二千名兒童被強行與父母隔離,有的僅一、二歲,引起輿論嘩然。」

「就在『骨肉分離』政策鬧得民情洶湧之際,美國宣布退出聯合國人權理事會。」

「實際上,美國自身的種族岐視、過度執法、社會不公、兒童權利等問題,都受到外界甚至本國國民非議,這些有違人權的做法,並非特朗普上台後才出現,只是特朗普的個人作風,包括穆斯林入境禁令等政策,令其雙重標準更清楚地暴露人前。」

「更闊的角度看,一些在其他國家發生的人權事件甚至災難;也是由美國間接造成,例如最近以色列血腥鎮壓境內巴勒斯坦示威人士,就是源於美國把大使館遷往西耶路撒冷,激起巴人憤起

示威。至於美國當年出兵伊拉克，引發的伊拉克內戰和伊斯蘭崛

起，造成的生靈塗炭和骨肉分離，受害人數遠比伊拉克獨裁者薩

達姆政治逼害的多。」(6)

從以上《星島日報》的社論，我們可以清楚了解，西方的人文主義價值

觀是可以有多種標準的，是西方國家常用米折騰和打壓其他民族、國家的手

段和武器；適用時就大唱高調，不適用時就任意歪曲或棄而不顧。

西方的人文主義雖然有其虛偽和霸道的一面，但也不能就這樣籠統地全面

把他否定。最近，史提文·賓可在他出版的《新啟蒙運動》一書中雄辯地指

出，真正的人文主義精神其目的是希望通過建立一種人類都能接受的人文主義來

謀求人類能夠生活得更幸福（flourish）──他所指的幸福包括：生命（life），健

康（health），快樂（happiness），自由（freedom），知識（knowledge），愛

（love），豐富的經驗智慧（richness of experience）等。在書中他還指出，

現今西方正在湧現一種人文主義運動（there is a growing movement called

Humanism）其主旨是想推動建立一種沒有宗教信仰參與的生命意義標準和道

德規範（which promotes a non-supernatural basis for meaning and ethics:

good without God）. (1)。我認為有些西方有識之士正在倡導的這種人文主義運

動，與中國原有的人文主義精神在一定程度上是不謀而合，與中國新時代要構

建的人類命運共同體中所包含的人文主義精神的大部分元素也都不謀而合。為

此，我認為中國進入新時代所要構建的人類命運共同體，應充份汲取西方新人

文主義運動所倡導的一些優良的人文主義精神元素，如：

「對世事的認知源於觀察、實踐和理性分析。人文主義者認為科學是認證知識、解決問題和發展科技的最好方式。同時，我們也意識到在思想、藝術和內在體驗等領域將不斷迸發出新思潮，但此種種均需要我們帶着理性批判的眼光去分析。

人類是自然界的一個重要組成部分，也是自然進化的結果。人類傾向於按照自己的期望和想像去區分事物。儘管如此，　我們欣然接受挑戰並對未知的充滿興趣。

過往經驗證明了道德價值洐生自人類的需要與益處。人文主義者認為人類環境、利益、關注點甚至全球的生態系統等等共同塑造了人類福祉的基本價值。

生命的成就感來自每個個體為實現人類理想所作的貢獻和參與。我們懷着強烈的使命，通過人類生命中的各種體驗去感受存在的神奇和奧妙，無論是挑戰、不幸或死亡。

人類天生屬於群體，並在社會關係中找到意義。人文主義者正努力構建一個互助關愛的世界，遠離社會不公及其帶來的惡果，以合作共融的方式而非暴力手段消除彼此間的矛盾。

致力於造福社會，才能使個人幸福最大化。進步的文化使人類從僅能維持基本生存的殘酷現實中解脫，以減少痛苦、促進社會建設、發展全球性社會。」[7] [註：以上為我的中文翻譯]

（三）中國進入新時代所倡導的人文主義精神階段 ⋯⋯⋯⋯ ⦂⦂⦂

現今中國進入新時代所倡導的人文主義精神，我認為上海合作組織（以下簡稱，「上合組織或本組織」）成員領導人於2018年6月10日在中國青島舉行元首理事會會議所發表的宣言中已講得很清楚和到位[8]。因為上海合作組織所要踐行推崇的「**上海精神**」，我認為是最能代表中國進入新時代所倡導的人文主義精神。

宣言指出：「『上合組織遵循互信、互利、平等、協商、**尊重多樣文明謀求共同發展**』的『上海精神』。」[8]

「上合組織在睦鄰、友好、合作、相互尊重成員國文化多樣化和社會價值觀、開展信任對話和建設性夥伴關係的基礎上樹立了密切和富有成效的合作典範，致力於以平等、共同、綜匯、合作、可持續安全為基礎構建更加公正、平衡的國際秩序，根據國際法準則和原則維護所有國家和每個國家利益。」

「世界貿易組織是討論國際貿易議題、制定多邊貿易規則的重要平台，支持共同構建開放型世界經濟，不斷鞏固開放、包容、透明、非歧視，以規則為基礎的貿易體制，維護世界貿易組織規則的權威性和有效性，反對國際貿易關係的碎片化和任何形式的保護主義。」[8]

「樹立了相互尊重、公平正義、合作共贏的新型國際關係典範。」

「創造性地提出並始終踐行『上海精神』，催生了強大的凝聚

力，激發了積極的合作意願。互信、互利、平等、協商、尊重多樣文明、謀求共同發展的『上海精神』，超越了文明衝突、冷戰思維、零和博弈等陳舊觀念，掀開了國際關係史嶄新的一頁。」

「推動國際秩序朝着更加公正合理的方向發展，讓安全與繁榮的陽光照亮人類的共同家園。」(8)

在上海合作組織成員國元首理事會第十八次會議，我認為習近平不但創造性地提出了「**上海精神**」這樣一種新穎的人文主義精神，並始終踐行以「上海精神」為主導的這樣一種新的、可以基本上被各國都接受的和能推動人類文明進化的人文主義精神，即：「**主張互信、互利、平等、協商、尊重多樣文明、謀求共同發展。這超越了文明衝突、冷戰思維、零和博弈等舊觀念，掀開了國際關係嶄新的一頁。**」(9)

我相信這樣一種新穎的人文主義，不但能解決國際關係之間的矛盾，同時也可以用來解決每個國家內部出現的許多矛盾。

如習近平所說：「『孔子登東山而小魯，登泰山而小天下』。面對世界發展大變革大調整的新形勢，為更好推進人類文明進步事業，我們必須登高望遠，正確認識和把握世界大勢和時代潮流。」

「儘管當今世界霸權主義和強權政治依然存在，但推動國際秩序朝着更加公正合理方向發展的呼聲不容忽視，國際關係民主化已成為不可阻擋的時代潮流。」

「儘管各種傳統和非傳統安全威脅不斷湧現，但捍衛和平的力量終

將戰勝破壞和平的勢力，安全穩定是人心所向。」

「儘管單邊主義、保護主義、逆全球化思潮不斷有新的表現，但『地球村』的世界決定了各國日益交融、命運與共，合作共贏是大勢所趨。」

「儘管文明衝突、文明優越等論調不時沉渣泛起，但文明多樣性是人類進步的不竭動力，不同文明交流互鑒是各國人民共同願望。」

「我們要提倡創新、協調、綠色、開放，共用的發展觀，實現國際社會協同進步，解決發展不平衡帶來的的問題，縮小發展差距，促進共同繁榮。」

「我們要踐行共同、綜合、合作、可持續的安全觀，摒棄冷戰思維、集團對抗，反對以犧牲別國安全換取自身絕對安全的做法，實現普遍安全。」

「我們要秉持開放、融通、互利、共贏的合作觀，拒絕自私自利、短視封閉的狹隘政策，維護世界貿易組織規則，支持多邊貿易體制，構建開放型世界經濟。」

「我們要樹立平等、互鑒、對話、包容的文明觀，以文明交流超越文明隔閡，以文明互鑒超越文明衝突，以文明共存超越文明優越。」

「我們要堅持共商共建共用的全球治理觀，不斷改革完善全球治理體系，推動各國攜手建設人類命運共同體。」(10)

我認為世界各國只要能夠「同舟共濟，精誠合作」(9)，齊心協力拿出構建如上海合作組織命運共同體這樣的一種人文主義精神來「推動建設新型國際關係，攜手邁向持久和平、普遍安全、共同繁榮、開放包容、清潔美麗的世界」(10)；這樣一個大同世界的出現，是指日可待的。

在同上海合作組織成員國領導人共同會見記者時習近平進一步強調(11)：

「我們商定恪守，（上海合作組織憲章）宗旨和原則，弘揚互信、互利、平等、協商、尊重多樣文明、謀求共同發展的『上海精神』，堅持睦鄰友好，共謀地區和平、穩定、發展大計。」

「經濟全球化和區域一體化是大勢所趨。」「各國悠久歷史和燦爛文化是人類的共同財富。各方願在相互尊重文化多樣性和社會價值觀的基礎上，繼續在文化、教育、科技、環保、衛生、旅遊、青年、媒體、體育等領域開展富有成效的多邊和雙邊合作，促進文化互鑒、民心相通。」(11)

2019年5月15日習近平在亞洲文明對話會上的主旨演講指出：「當前，世界多極化、經濟全球化、文化多樣化、社會信息化深入發展，人類社會充滿希望。同時，國際形勢的不穩定性不確定性更加突出，人類面臨的全球性挑戰更加嚴峻，需要世界各國齊心協力，共同應付。應對共同挑戰，邁向美好未來，既需要經濟科技力量，也需要文化文明力量。」(12)而所謂文化文明力量，就是人文主義力量。我深信，中國在人文和文明方面的影响力，以後在對外全方位開放的情況下，將會不斷影響着世界文明的建立，以及人類命運進化的發展。

我更預測，一個世界性的共融共通的人文主義新體系和人類文明的命運

共同體，將很快會出現在人類的文明史和人類命運的進化史上。

參考資料

(1) Steven Pinker，*Enlightenment Now - The Case for Reason, Science, Humanism and Progress*, Viking, 2018, page 410。

(2) 費爾南·布勞岱爾（Femand Braudel）著，《文明史綱 — 人類文明的傳承與交流》（*Grammaire des civilizations*），廣場出版（台灣）2016年, 第360頁。

(3) 《部級領導幹部歷史文化講座 — 傳統文化中的治國理政智慧（下）》，國家圖書館編，國家圖書館出版，201年，第427,430-432,433,434,435,437,441,444,446頁。

(4) 〈習近平外交思想指導地位確立〉，香港《文匯報》，A4版, 2018年6月24日。

(5) 鄭永年，《中國的文明復興》，2018年，東方出版社，第245頁。

(6) 香港《星島日報》，〈特朗普撕掉美國人權面具〉，2018年6月24日，星島社論（A4版）。

(7) *How to be Human*, 2017, New Scientists.

(8) 《上海合作組織成員國元首理事會青島宣言》 2018年6月10日。

(9) 〈國際關係理論和實踐的重大創新〉，《人民日報》評論員，2018年6月11日《廣州日報》轉載。

(10) 習近平，《弘揚「上海精神」構建命運共同體》，在上海合作組織成員國元首理事會第十八次會議上的講話，2018年6月10日，青島。

(11) 習近平，《同上海合作組織成員國領導人共同會見記者時的講話》，2018年6月10日，青島。

(12) 習近平，《深化文明交流互鑒共建亞洲命運共同體》，亞洲文明對話大會開幕式上的主旨演講，2019年5月15日。

第5章
個人的腦力、自控力等對人類命運進化的影響

（一）人腦與進化的關係

從動物的進化角度來看，當智人出現時，智人的腦結構和腦力已基本很穩定，達到非常完善的階段。基於這個原因，人類被稱為最高等動物或萬物之靈，因為人類在進化過程中擁有了最能適應環境變化而能長期生存在地球上的大腦。由於人類的大腦腦力的發達程度如此之高，因此人類不但能適應和抵抗地球上出現的各種惡劣環境的變化（即所謂能做到「適者生存」）。而更重要的是，人類還可以利用其發達的大腦智力，來改造環境和戰勝所有其他的動物（當然也包括破壞環境和使其他動物滅絕的不好的能力在內）以達致長期能夠在這地球上生存和繁衍的目的及效果。

我們不僅要問，人類大腦一旦形成後，單從結構方面來說，有沒有出現任何進一步演變和進化呢？似乎沒有。但另一方面，從腦的功能角度來看，人腦事實上是在不斷地進化着的，這可以從人類在思想、文化、科學、創新能力等等方面的持續進步和提高得到證明。譬如：現代的人肯定比智人初形成時要來得聰明和思想更敏捷及靈活。這是因為大腦神經具有高度的可塑性，而這一可塑性是貫穿人的一生的。

「有一種說法，人在出生時包含了大量的腦細胞，人走向死亡的過程就是細胞逐步消亡的過程，但是根據最新的科學發現，這完

全是誤解。神經元（即神經細胞 — neurons）再生的現象使我們更加深刻地認識到神經的可塑性，即大腦可以根據我們已有的經驗不斷地重塑自身。」[1]

譬如：「培養新習慣的過程實際是形成新神經回路的過程，而且還是與舊習慣對應的神經回路進行『優勝劣汰』競爭的過程。為了鞏固新習慣，就要利用神經可塑性的力量，不斷重複新的好習慣。如果一直堅持，新習慣就會對應形成新的神經聯結，而且愈來愈強大。」[1]

其次，我們還知道「大腦是最後一個發育成熟的身體器官，假設你觀察兒童成長的各階段，也就是他們思考、行動和反應方面的逐年變化，實際上你見證的是兒童大腦發育的過程。譬如創造力巨大，兒童（特別是年幼的兒童）的思維開闊，想像力驚人；但當大腦發育進入這個階段之後，這種現象就被改變了。這一階段叫做『5-7歲轉型期』，兒童的情緒回路受到前額區更強控制，因此他們從這個階段開始更善於控制衝動情緒，協調自己的想像力，行為舉止由此更加得體。第二階段是青春期，兒童大腦被大幅『修剪』不常用的神經元被拋棄了，從而進一步削弱了他們天馬行空的想像力。人出生時擁有的神經元遠遠多於後來所用到的神經元，神經元遵循『用進廢退』的原則。（不過，神經元的消減與生命逐漸衰退的過程不一樣，大腦的神經元再生機制每天依然能夠製造新的神經元，而且貫穿生命整個過程。）」[1]

從以上神經元的特性，我們可以看到大腦神經的可塑性，是一種只有人類才擁有的性狀。換言之，這一性狀賦予了人類巨大的能夠適應環境變化的各種能力。而特別是在人類需要羣居生活而形成社會、國家的這類組織非常複雜、嚴密的龐大結構。再加上在這類組織龐大的結構之內，人與人之間需要經常頻密地不斷溝通、互動等；還有人類為了要在這種組織龐大的結構之內生存、繁衍，因此人類懂得怎樣逐步利用大腦的可塑性、大腦不同部位的專注度、大腦不同部位之間的分工合作及互動能力、及大腦能發揮的巨大的智力功能，來開展及推動各種思想、人文、社會建設等活動，使人類可以不斷的提升人類自身的命運以及人類社會的進化。

現今已有大量科學證據顯示，人類除了懂得怎樣去利用大腦所產生的智力（intelligence）來適應和改造環境之外，還需要充份利用情緒智能（emotional intelligence）來適應複雜的人類社會環境。而情緒智能在推動人類進化所起的催化作用和引領作用等，肯定非常重要。情緒智能的要素根據丹尼爾·戈尔曼的看法[1]至少包括以下四個範疇：自我意識、自我管理、社會意識以及人際關係管理。而這些要素，在智人初始形成階段是還不會出現在智人的大腦裏的，因為初始的人類，其生活的環境還未曾到達如此高級的程度，因此人類的大腦也無需面對這種現代人類為了生活和生存而構建的非常複雜的情緒「競爭力框架」(見圖5.1)。但當人類進入愈來愈複雜的情緒「競爭力框架」之後，人類就必須同步地進步（progress）和進化 （evolve）（即要與時俱進），把情緒競爭力、認知能力、分析推理能力等的潛能掌控

好和發揮好，才能有意義地去生活和生存下去（survive）；不然就容易會

被淘汰掉。

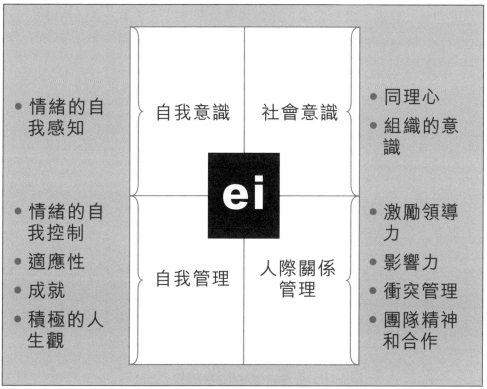

圖5.1示丹尼爾‧戈尔曼的「競爭力框架」

與發現情緒智能同樣重要的對推動人腦思維（或人類）進化具有影響

力的新因素 - 積極心理要素（positive psychological elements）[3] — 促進人

類自身尋求人生真實的快樂（authentic happiness）、正向情緒（positive

emotion）等已被證實能起到一定的作用。而這種對人生可以起到積極作用的

因素，在中國的文化、哲學、思想史中也有彰顯（具體的例子及有關的理論、

意見、見解和分析，可參考最近由郭海鵬、何義煒出版的有關專著[4]，在這裏

我就不作詳論了）。而有一點我想在這裏特別指出的是，中國的文化、哲學、思想史中佔據最重要位置的兩股哲學思想：儒、道兩家，與此更有相當密切的關係。譬如，讓我們從人類命運進化的角度來認知，我認為儒家是可以被看作為一種積極心理學範疇之內偏向於從積極（active and positive）方面來治人治世的學問；而道家則可被視作為一種情緒智能範疇之內，偏向於從較為靜態、具禪意及韜光養晦式（passive or lay back）的治人應世的學問。故此，這兩種思想學問，從人類命運進化的角度來看，對促進人類的生存和推動人類命運的進化都很重要（有時還是非常關鍵），而且還是重要的資源。因為他們都含有能激勵、推動和賦能予（motivate, empower and push forward）人類命運的進化以及增強人類適應能力（adaptive power）的重要元素（element）和源動力要素（primary source）。

（二）促使人腦進化的因素

在智人大腦的演進過程中，大腦神經因為具有高度的可塑性，因此許多新的影響人類演化的外在因素不斷增加，這些因素有許多是對人類的身心發展有害的，因此怎樣去消除這些來自外在的壓力，在人類命運的進化過程中必須面對和予以妥善解決。譬如：拿人類在生活中經常需承受的壓力（stress）來說，歷來我們都認為壓力是有害的，因此對壓力應加以規避、減輕和管理。但現今對於這種看法有所懷疑，認為壓力有益，應該接納、利用、擁抱。[2]說明促使人類命運進化的各種因素是趨向於朝着積

極向上（positive）的方向發展，因為這樣是更有利於人腦的理性和自控力（will power）的發展，而這些也是促進人類可以增強抵抗力和適應力的重要因素。而這些因素是智人在初始發展階段不會出現的，是要在人類社會進化過程中通過實踐，各種思想的碰撞和衝擊，逐步被認識、肯定、證明後才形成和出現的。

　　再舉一個例子。「無論什麼領域，極成功的人都擁有強烈的決心，他們的決心以兩種方式呈現。一是過人的堅韌與努力；二是他們打從心底認定，這是他們想做的。他們不只有決心，更有明確的方向（direction）。就是這種熱情與毅力的結合，使這些人出類拔萃，以一個詞來形容，他們「毅恒力」過人。」(5)

以上所引的安琪拉·達克沃斯的話，把這種人所擁有的特性稱之為「**毅恒力**」（grit）(5)，而她認為毅恒力並不是完全天賦的，而是一種可以通過經驗、鍛鍊、學習得到和掌握的能力。但到底毅恒力多少是天賦的，她引用了下面的討論試圖說明這個問題：

「一八六九年，高爾頓發表第一份探索高成就起源的科學研究。他收集了科學、運動、音樂、詩歌、法律等多方面的名人清單，竭盡所能地收集他們的生平資訊。他推斷，這些人能夠不同凡響，有三種原因：非凡的『能力』，結合過人的『熱情』及『努力』。達爾文讀了高爾頓的著作五十頁之後，寫信告訴高爾頓，

他很驚訝天賦竟然是其中一個必要特質。達爾文寫道：「某方面來說，你說服了我這個原本意見不同的人，因為我一直認為除了傻瓜，人類的智慧其實差異不大，只有熱情和努力有很大的差異，我仍然認為那是極其重要的差異。」「達爾文對於『決定成就的因素』所抱持的觀點，是他認為熱情和努力終究比智力還要重要。」[5]「詹姆斯認為，我們的潛力和實際的發揮之間有差距。

他沒有否認每個人的天賦不同（有人比較有音樂資質，但缺乏運動細胞，或是有創業天分，缺乏藝術天賦），他主張：一般人通常只用到一小部分的潛力，每個人都有多種潛能，卻習慣把潛能束之高閣，活力未充分運用，行動也未達最佳狀態。」[5]

我認為這種能力或類似這種能力，無論是天賦抑或後天學習得來的，都是推動人類命運進化的重要元素。不過相對而言，能夠讓人類可以學習掌握的能力對推動人類命運的進化是更重要一些；因為讓人類可以學習掌握的能力，更具可塑性和適應性，更合符人腦的多元功能及潛質的發揮，而這些因素對有效推動人類命運以及人類社會的繼續優化和進化非常關鍵和有用。假如人類不擁有這些能力，那麼人類命運的進化就會非常緩慢，更不可能看到像現在這樣的如此高度的人類文明！

（三）人腦與教育

人及人的大腦從嬰兒開始到二十幾歲的成年人，逐漸不斷地成熟。在這

一成熟的整個階段，對其影響最大的莫過於家庭教育和學校教育。習近平2018年9月10日在北京召開的「中國第三十四屆教師節全國教育大會」上指出[6]：「辦好教育事業，家庭、學校、政府、社會都有責任。」「家庭是人生的第一所學校，家長是孩子的第一任老師，要給孩子講好人生第一課，幫助扣好第一粒扣子。」其次，「全社會也要擔負起青少年成長成才的責任。」[6]「現今中國已進入新時代，在新時代新形勢下，改革開放和社會主義現代化建設、促進人的全面發展和社會全面進步對教育和學習提出了新的更高的要求。」[6] 這對我們（特別是教育工作者）要培養什麼樣的孩子和青少年，怎樣培養他們變得愈來愈重要。

在同一大會上，習近平針對這一個問題指出，中國在這方面的目標是「要努力構建德智體美勞全面培養的教育體系，形成更高水平的人才培養體系。要把立德樹人融入思想道德教育、文化知識教育、社會實踐教育各環節，貫穿基礎教育、職業教育、高等教育各領域，學科體系、教學體系、教材體系，管理體系要圍繞這個目標來設計，教師要圍繞這個目標來教，學生要圍繞這個目標來學。」[6]

但就我個人的經驗，覺得現今中國似乎還沒有把足夠的注意力放在去發展和提升學生的心理素質和心理素質教育方面。因此，中國有很多的學生（估計不是大多數）都容易出現以下一些情況，即：他們的心理比較脆弱，缺乏主見、缺乏主動、缺乏自信、缺乏理想、意志薄弱、不容易抵受得住壓力和失敗、久久不能擺脫小孩子的叛逆心理及幼稚心態、不懂得怎樣去承担責

任；而更糟的是不懂得怎樣去理智和有效地思考問題和面對困難；不懂得怎

樣去合羣；情商都偏低或接近零；自我中心意識或個人主義意識超級膨脹；

不懂得怎樣去尊重別人的意見和處理不同的意見等。因此，怎樣去發展和提

升學生的心理素質和增強心理素質方面的教與學，是一個迫切需要我們解決

的重大問題。

　　所謂心理素質問題，事實上是由於腦功能或大腦的理智部分沒有好好的

和充分的得到鍛鍊所致。因此要搞好對學生的思想教育工作，必須要在教與

學的方法上痛下功夫，讓學生的腦子能早開竅，譬如：應採用較為靈活、多

角度看問題和分析問題的教與學的方法；以及多用啟發式和鼓勵創新的教育

方法（避免用壓制式、八股式和教條式的教育方法來進行教與學，因為這

樣會大大限制了大腦的思路、想像、適應和變通的能力的建立以及阻礙了大

腦的生機和活力的湧動），使學生要學、願意學、會得學、學得好、學得快樂；並要讓他們所學到的東西能用得上，有獲得感、有成就感、覺得有意義和有價值。

最近，馬雲2018年9月17日在2018世界人工智能（AI）大會上直言指出：「通過大會對AI產生新的理解，因為不同於以往的AI『技術論』，AI將重新定義人類的思維方式。」馬雲表示，智能是改變世界的工具，智慧是改變智能的思想，「我們真應該擔心的不是機器能會超越人類智慧，而是人類本身的智慧會停止增長。」[7]的確，有了AI之後，我們要面對的又是一系列新的問題，由於這種新的情況的出現，我們應該怎樣去開展教育年輕人的工作，怎樣讓人類本身的智慧不會停止增長，並且可以發展進化得更好；同時，更不能讓機器人或AI超越人類智慧，控制人類智慧。這些都是對未來的教育和社會發展的巨大挑戰，因此，也必須要我們盡快去克服及予以解決與教育及人類命運的進化有密切關係的重大問題。

參考資料

(1)　《情商》，丹尼爾‧戈爾曼，楊春曉譯，2018年，中信出版集團，第158,159,160-161,164-165頁。

(2)　《自控力》，凱利‧麥格尼格爾著，王鵬程譯，北京聯合出版公司，2016。

(3)　《真實的快樂》（*Authentic Happiness*），塞利格曼（Martin E.P. Seligman）著，洪蘭譯，2016年，遠流出版社。

(4)　郭海鵬、何義煒，《全人教育 — 情緒智慧引論》，2017年, 中國人民大學出版社。

(5)　《恆毅立》（*Grit — The Power of Passion and Perseverance*），安琪拉‧達克沃斯著，洪慧芳譯，2016年，天下雜誌。

(6)　習近平2018年9月10日在北京召開的中國第三十四屆教師節，全國教育大會上講話，香港《文滙報》，2018年9月11日，A4 文滙要聞。

(7)　2018世界人工智能(AI)大會（2018年9月17日，開幕日），香港《文滙報》，A18中國新聞，2018年9月18日。

第6章
建立「人類命運共同體」對世界文明融通和
人類命運進化的意義

[世界各種文明的融匯貫通]

我認為如要把人類命運共同體構建起來，首要的是必須把世界的各種文明融匯貫通起來。講到文明我們首先想起來的是人類到底什麼時候和怎樣進入文明社會的。對於這一個問題已有中外許多學者提供了許多研究成果，我在這裏就不預備深入地去予以闡述了。今天在我國的中小學教科書裏都明確指出，世界上有四大文明古國即：古代的埃及，古代的兩河流域，古代的印度，還有古代的中國。李學勤在〈追尋中華文明的起源〉[1]一文中總結地指出：

「我們中國是四大文明古國裏面幅員最大，當時人口也是最眾多的一個。而且中國不但有着悠久的古代文明，還有一點是和其他幾個文明古國及與希臘、羅馬不一樣的，就是中國的古代文明不但歷史悠久，而且綿延不絕，它是繼續傳流下來的。我們知道，在歷史上古代埃及固然是文明出現最早的國家之一，可是古代埃及和今天的埃及之間的關係非常曲折、非常的遙遠，今天的埃及與古代的埃及不管是在人種還是在文化上都有很大的距離。古代的兩河流域，包括那幾個古國，蘇美爾、阿卡德、亞述、巴比倫等等，這些古國和今天的伊拉克的關係也很少，它們的文明

在很早很早以前，可以說在希臘、羅馬時代就已經斷絕了。就是
希臘、羅馬這樣的文明興起比較晚的古代國家，它們的文化後來
到中世紀也中斷了，所以後來才有文藝復興，它們的文明都沒有
一直從古代流傳到現在，只有我們中國的古代文明是綿延不絕，
雖然中國的歷史有這麼多的風雲變幻，有這麼多的朝代改變，可
是中國的文明是一直傳流下來，一直傳流到今天，這個應該說在
整個世界人類歷史上是很獨特的。」[1]

中國由於地域廣大、人口眾多，而且長期以來民族（以漢族為主）和國
家在絕大多數的時間都以統一的形式存在着　[不知是否因為漢族與其他的民
族相比較，在歷史很早期便佔了主導（dominant）發展的地位和優勢的緣
故。也有可能是由於秦朝能統一中國較早的緣故]，因此其影響是非常的獨
特和廣泛，而且自古以來對人類命運的演化方面的進展有着很多極其重大的
貢獻。

可是在過往的一個多世紀以來，中國的國力衰落了一段長時間。中國的
文化在西方文化的衝擊下幾乎失去了對自身文化的自信、自我肯定和「認
同」感。但當新中國成立之後，以及新中國在最關鍵的發展階段和時刻，幸
運地採取了對內對外的「開放政策」，使中國經濟高速的發展和上升，走上
崛起之路，並開始在國際上帶起多方面世界性的引領作用，以及逐漸影響世
界未來的社會和經濟發展模式和方向。

湯一介在他發表的〈中國傳統文化對當今人類社會之貢獻〉一文

中還指出[1]：「某些西方國家的理論家從維護自身的利益或者傳統習慣出發，企圖把反映他們繼續統治世界的價值觀強加給其他民族，仍然堅持『西方中心論』。例如1993年美國哈佛大學亨廷頓教授提出來『文明的衝突』理論，就可以看到這一點。他的理論引起了廣泛的討論和批評，他的觀點可以說是以美國為中心的一種文化霸權主義的表現。」[1]

這種以美國為軸心的文化霸權主義在現在由美國總統特朗普所「引領」的西方許多國家，更在變本加厲地予以宣揚和打壓其他與西方傳統不一樣的政治經濟體制和實體。

現今大家都可以清楚地看到，由於經濟的全球化發展對世界性的文化文明的未來發展，將會帶來巨大的影響和變化。

湯一介在同一篇文章中進一步指出：「經濟全球化並不會消除不同國家、民族之間的衝突，在某些情況下還有可能加劇不同傳統文化的國家、民族之間的衝突甚至戰爭，這個問題當前已非常明顯。」[1]

但我認為文化衝突只是在人類發展的大趨勢過程中的一個暫時性現象。從長遠來看，人類歷史所呈現出來的世界發展的大趨勢，將會證明是逐步朝向和聚焦文化共存，不同文化之間的相互融合和包容。這種人類社會發展的大趨勢，是可以有效避免出現文化隔閡、文化衝突以及終止文化霸權的最佳辦法和出路。而這一出路，是由中國倡導的要和平共處和建立人類命運共

同體，才能夠實際地讓世界秩序可以重建。換言之，只有讓人類能夠和平共存、國際關係民主化和世界政治的多極化及文化的多元化的格局才可以長期有效的得到維護和保持，文明衝突的問題才能夠徹底的得到解決。

湯一介在文章中還指出：「就當前人類文化存在的現實情況看，已經形成了或正在形成在全球『意識』關照下的文化多元化發展的新格局，我們可以看到也許21世紀將由四種大的文化系統來主導，就是歐美文化、東亞文化、南亞文化、中東北非文化（也就是伊斯蘭文化），這四種文化不僅都有着很長的歷史文化傳統，而且每種文化所影響的人口都在10億以上，當然還有其他文化也會影響21世紀人類社會發展的前途，例如拉丁美洲文化、非洲文化等等。但就目前情況看，這些文化的影響遠遠不及上述四種文化來得大。亨廷頓在《文明的衝突與世界秩序的重建》這本書中有這樣一段話：「至少有十二種文明，其中七種文明已經不復存在（美索不達米亞文明、埃及文明、克裡特文明、古典文明、拜占庭文明、中美洲文明、安第斯文明），五個仍存在（中國文明、日本文明、印度文明、伊斯蘭文明和西方文明）。比我上面所説的四種文明多一個日本文明，因為我的歸屬還是把它歸在東亞文化的範圍裏面。」[1]

但無論我們怎樣去把文明細分，從人類文明的大的方面或範圍來看，似乎現今只剩下兩種文明是對人類未來的發展會有重要的影響的。換言之，從

宏觀的角度着眼，人類文明和世界秩序在經過2000多年的發展，現今已經形成了（或正在固化為）兩大泛文明陣營（Mega Civilization Sphere of Influence）：（i）以美國為首的「西方陣營」（US Sphere of Influence）；（ii）以中國為首的「東方陣營」（China Sphere of Influence）。

現在讓我們先來看一下這兩個陣營到底是怎樣形成和發展起來的，然後再論述一下這兩個陣營是否只能以互不相讓的鬥爭方式和南轅北轍的走向繼續發展下去？ 還是可以相互融通融合（integrate）、互相包容（fully inclusive）地和平共存下去。

以美國為首的「西方陣營」或「西方文明陣營」基本傳承了歐洲希臘文化以及文藝復興的光輝，從而對世界產生了重大影響。之後，經過一次世界大戰和兩次世界大戰，西方文明的格局起了變化，即慢慢的從歐洲大陸為軸心的格局轉移至以美利堅合眾國為軸心或中心的「西方陣營」的格局。

而所謂的「東方陣營」的文化文明的崛起則是較為近期的事，大概在韓戰、越戰之後的階段，特別是在新中國從封閉性極高（closed）以及盲目地抄襲蘇聯（Soviet Union）的政治經濟和治國理政的策略和模式，轉向採用改革和逐步開放的政治經濟和治國理政的策略和模式。換言之，中國從1978年開始實施改革開放政策（用最近習近平的話來說，經歷了「第二次革命」）；而從那時候開始，中國從一個經濟非常落後的國家，在短短的40年時間內，上升至世界第二經濟體的位置，並直接影響和牽動世界經濟未來的發展方向、形態和秩序。

「文明衝突及修昔底德陷阱」

2018年4月24日，哈佛大學甘迺迪政府學院前院長格雷厄姆·阿利森（Graham Allison）在出席亞洲協會香港中心的會議時表示：「**中美之間絕無爆發熱戰的可能，美國不會做出此類『自殺行為』。**」他還指出：「**美國近期對中國開展貿易戰並非挑釁行為，而是中美實力差距縮小過程中無法避免的衝突。**」[2] 換言之，阿利森認為中美是不會出現如他在2010年提出的「修昔底德陷阱」（Thucydides' Trap）情況的，〔即指「**一個新崛起的大國必然要挑戰現存的大國，而現存大國也必然來回應這種威脅，如此戰爭變得不可避免。例如導致了兩大古希臘城邦雅典和斯巴達消亡的伯羅奔尼撒戰爭，又如德國在挑戰英國霸主地位時爆發的第一次世界大戰等**」[2]。〕

阿利森雖然認為美國特朗普總統不是一定要瞄準中國發動貿易戰，而是一種因為「**中美實力差距縮小過程中無法避免的衝突，即使是民主黨也是一樣的局面。**」[2] 很明顯的，類似這樣的衝突的經常出現並不是一件好事，對保持地區性的穩定和世界和平也不會有任何幫助。但可惜的是美國的霸權思維和反共的意識形態在美國引領之下的冷戰期間，完全表露無遺。故此，這不得不令人擔心，特朗普總統會否重新拾起冷戰思維（或其變種）的意識形態來針對中國的發展，從而引發新的具冷戰式的對抗。假如真的是這樣的話，那對人類命運的進化，肯定不會帶來任何益處。

上面提到過，發表「文明的衝突」的亨廷頓雖指出美國是可以應用「文明的衝突」的概念代替冷戰思維來解釋和認知現今世界政治的發展模式。

用他自己的話來説：「人們需要一個新的框架來理解世界政治，而『文明的衝突』模式似乎滿足了這一需要。」(3)

但在《文明的衝突與世界秩序的重建》一書中，亨廷頓同時指出：這一新框架模式，他相信將會起到「文化在塑造全球政治中的主要作用。」(3)不過，他似乎同時也開始看到「在未來的歲月裡，世界上將不會出現一個單一的普世文化，而是將有許多不同的文化和文明相互並存----美國、歐盟、中國、俄羅斯、日本和印度，將來可能還有巴西和南非，或許再加上某個伊斯蘭國家，將是世界舞臺的主要活動者。在人類歷史上，全球政治首次成了多極的和多文化的」(3)這樣一種格局。

亨廷頓在他的《文明的衝突與世界秩序的重建》一書中的中文版序言中，明確承認了世界政治多極化和多文化的存在是一件好事，説明他原先所提出的「文明的衝突」的推理和認知是有問題和與事實是有距離的。湯一介在本文上面提到過的他的那篇文章中進一步指出：「這本書如果仔細讀的話，還隱含着對美國失落非常惋惜，他仍然希望美國將有一天還成世界的領導，他還是這樣來考慮問題的。」(1)

此外，亨廷頓對中國的崛起也存有擔心，怕中國將有能力「重建其1842年以前在東亞的霸權地位。」(3)在他的書的序言中他是這樣評論和分析的：

「在這一個多元化的世界上任何國家之間的關係都沒有中國和美

國之間的關係那樣至關重要。如果中國經濟在未來10年或20年中

仍以現在的速度發展，那麼中國將有可能重建其1842年以前在東亞的霸權地位。另一方面，美國一貫反對由另一個強國來主宰歐洲或東亞，為了防止這樣的情況發生，美國在本世紀參加了兩次世界大戰和一次冷戰。因此未來的世界和平在相當大的程度上依賴於中國和美國的協調兩國各自利益的能力，以及避免緊張狀態和對抗升級為更加激烈的衝突甚至暴力衝突的能力，而這些緊張狀態和對抗將不可避免地存在。」[3]

從以上這段話可以清楚的看到，亨廷頓仍然覺得美國霸權政治仍需和會繼續堅持下去，而中國依照他的看法也必然會在未來建立其政治霸權的地位。文明衝突無他，最終就是政治霸權之爭，或用阿利森的分析邏輯，就是必定會掉入「修昔底德陷阱」的一天。相信亨廷頓顯然也並不樂意見到這種情況的出現，所以他說「**我期望的是，我喚起人們對文明衝突的危險性的注意，將有助於促進整個世界上『文明的對話』。歐洲和亞洲國家最主要的政治家已經在談論要抑制文明的衝突和參與這樣的對話。**」[3]

文明之間的對話肯定重要和需要，但對話不能用美國政治霸權的心態去進行。對話的前題必須要美國放棄政治霸權的心態，才能產生有意義的成果。但可惜的是，現今美國的特朗普總統以及當道的美國右翼份子，仍拿着政治霸權主義的心態棒打腳踢地，完全拋棄了對話所需要的誠信和善意，不斷地在恐嚇差不多世界上所有國家；在這樣的情況下，又怎樣能有效對話呢！因此，如要避免文明衝突，重要的是必須抑制美國使用政治霸權的手

段來向其他國家施壓。

亨廷頓在《文明的衝突與世界秩序的重建》一書的前言中還說：「文明的衝突是對世界和平的最大威脅，建立在文明之上的國際秩序是防止世界大戰的最可靠保障。」[3] 我想應把這句話改動一下，才更可以反映問題的關鍵和真實性：

美國的政治霸權是對世界和平的最大威脅，建立在沒有政治霸權

之上的國際秩序才是防止世界大戰的最可靠的保障。

可惜亨廷頓在幾年前已去世，他雖然預測中國將有能力重建在1842年前在東亞的「霸權地位」，但他忽略了中國是反對政治霸權主義的，因此中國是不會走政治霸權主義道路的；亨廷頓所預測的所謂中國「霸權地位」是也不會出現的。再說，翻看近代歷史，中國自己也沒有追逐建立世界政治霸權的地位的意圖和計劃。

中國對文明多元化與亨廷頓的看法的不同之處，讓我們看一下習近平在2017年1月18日在聯合國日內瓦總部的演講中對人類文明的分析和看法就可以清楚了解到其分別之處。習近平說：

「人類文明多樣性是世界的基本特徵，也是人類進步的源泉。世

界上有200多個國家和地區、2000多個民族、多種宗教。不同歷

史和國情，不同民族和習俗，孕育了不同文明，使世界更加豐富

多彩。文明沒有高大優劣之分，只有特色、地域之別。文明差異

不應該成為世界衝突的根源，而應該成為人類文明進步的動力。

每種文明都有其獨特魅力和深厚底蘊，都是人類的精神瑰寶。各種文明要取長補短、共同進步，讓文明交流互鑒成為推動人類社會進步的動力、維護世界和平的紐帶。」（4）

「我們要推進國際關係民主化，不能搞『一國獨霸』或『幾方共治』。世界命運應該由各國共同掌握，國際規則應該由各國共同書寫，全球事務應該由各國共同治理，發展成果應該由各國共同分享。」（4）

在《共同構建人類命運共同體》的演講中，習近平又再指出：「這100年人類的共同願望，就是和平發展。然而這項任務至今遠遠沒有完成。」（4）究其原因，我認為主要是因為美國引領的西方國家，還在繼續採取了冷戰思維（或其變種）和政治霸權主義所造成的結果。

現今「人類正處在發展大改革大調整時期。世界多極化，經濟全球化深入發展，社會資訊化，文化多樣化持續推進新一輪科技革命和產業革命正在孕育成長，各國相互聯繫、相互依存，全球命運與共、休戚相關，和平力量的上升遠遠超過戰爭因素的增長，和平、發展、合作、共贏的時代潮流更加強勁」（4）為了更有效和更好地去貫徹落實在這大發展、大變革、大調整時期的各種具體項目和行動目標，中國提出了一個方案，那就是：「構建人類命運共同體，實現共贏共用。」（4）

在《共同構建人類命運共同體》的演講中，習近平強調：「理念引領行動，方向決定出路。縱觀近代以來歷史，建立公正合理的國際秩序是人類

孜孜以求的目標。從360多年前《威斯特伐亞和約》確立的平等和主權原則，150多年前日內瓦公約確立的國際人道主義精神；從70多年前聯合國憲章明確的四大宗旨和七項原則，到60多年前萬隆會議倡導的和平共處五項原則，國際關係演變積累了系列公認的原則。這些原則應該成為構建人類命運共同體的基本遵循。」(4)

對於構建人類命運共同體的目標，2018年4月12日中國中央廣播電視台根據習近平在聯合國日內瓦總部的演講(4)概括得很好，我在這裏部分予以引錄，供大家參考。他們把構建人類命運共同體的具體概念，濃縮為要建立「五個世界」，即：（1）清潔美麗的世界，（2）持久和平的世界，（3）普遍安全的世界，（4）共同繁榮的世界，（5）開放包容的世界。而由這五個世界所構成的人類命運共同體的最終追求目標，就是人民的幸福。從人類進化的角度來看，就是要通過構建人類命運共同體創造機會和環境，讓人類可以融入現今人類正在為自己打造的全球化的、創新科技為主導和引領的、含人類長期積累的豐富多樣的文化和人文精神的世界文明，以及持續地用熱情和愛去擁抱、維護和發展這一屬於人類賴以生存和繁衍的美好的世界文明，使其不斷得以鞏固、有機地和循序漸進地持續發揚光大、進步和進化。

當然有人會擔心中國所倡導的構建「人類命運共同體」是否中國在為自己建立霸權？習近平在2017年1月28日聯合國日內瓦總部的演講中把這一問題解釋得很清楚，他認為要構建人類命運共同體要遵循的基本原則有以下幾條：

1. 「主權平等是數百年來國與國規範彼此關係最重要的準則，也是聯合國及所有機構、組織共同遵循的首要原則。主權平等在於國家不分大小、強弱、貧富、主權和尊嚴必須得到尊重，內政不容干涉都有權自主選擇社會制度和發展道路。」 (4) 為了要達到以上目的，中國因此正在做和將來想做的是，首先要「推動各國權利平等、機會平等、規則平等。」 (4) 而這些是抑制任何國家要實行霸權主義的最好方法和原則。

2. 尊重聯合國憲章以及國際公約和法律文書。習近平在同一演講中指出：「『法者，治之端也。』在日內瓦，各國以聯合國憲章為基礎，就政治安全、貿易發展、社會人權、科技衛生、勞工產權、文化體育等領域達成一系列國際公約和法律文書。法律的生命在於付諸實施，各國有責任維護國際法治權威，依法行使權利，善意履行義務。法律的生命也在於公平正義，各國和國際司法機構應該確保國際法平等統一適用，不能搞雙重標準，不能『合則用、不合則棄』，真正做到『無偏無黨，王道蕩蕩』。」 (4)

3. 要構建人類命運共同體關鍵在行動。根據習近平的想法，「要建設一個持久和平的世界，就要堅持對話協商；要建設一個普通安全的世界，就要堅持共建共用；要建設一個共同繁榮的世界，就要堅持合作共贏；要建設一個開放包容的世界，就要堅持交流互鑒；要建設一個清潔美麗的世界，就要堅持綠色低碳。」

以上這些中國正在努力推行和倡導的事，國際社會也有很多議論，譬如：擔心中國的政策走向會否將來起變更？能堅持多久？ 等。習近平在同一演講

中強調說：「第一，中國維護世界和平的決心不會改變。第二，中國促進共同發展的決心不會改變。第三，中國打造夥伴關係的決心不會改變。第四，中國支持多邊主義的決心不會改變。」(4)

從習近平以上所強調的可以清楚看到中國的國策是：「**無論中國發展到哪一步，中國永不稱霸、永不擴張、永不謀求勢力範圍。**」(4)

但我認為中國除了要強調以上幾點之外，如果真正要全人類從理論上相信人類命運共同體能夠成功建立起來，重要的是先要讓國際社會都能理解和接受其合理性、重要性和可行性，而在這方面中國還需要不斷在以下幾個問題上給予滿意的解答，並提供解決方案和辦法。以下是我建議的答案供參考：

（一）解釋清楚為什麼中國共產黨要堅持說自己是一個「**馬克思主義武裝起來的政黨**」(4) 的好處及優點的理由。

這理由，我認為主要是因為中國共產黨在馬克思主義的引領下，中國的綜合國力、中國特色社會主義，中國社會主義制度的優越性的確得到了充分的體現和展示。而這些成功，最關鍵的原因是因為中國共產黨能把馬克思主義予以中國化（即本地化，localize）；能把馬克思主義的基本原理和唯物辨證法的應用，理性和科學地與中國文化精華相融合（integrate）而不引起巨大的排斥作用；能同中國的具體發展規律、國情和實際相結合（connect and engage）；並通過實踐証明給了中國人民和世界各國看，歷史和中國人民選擇中國共產黨領導中華民族的復興是正確和必然的選擇和抉擇（right choice）。

不過，中國副主席王岐山在他早前發表的一篇題為〈開啟新時代踏上新征程〉的文章中強調指出，由於現今中國是由中國共產黨所領導，因此如要中國共產黨永遠領導下去，只有：「**把黨建設好國家才能興旺，人民才能擁有美好生活。**」「**我們黨要進行偉大鬥爭、建設偉大工程、偉大事業、實現偉大夢想，必須毫不動搖堅持黨要管黨、全面從嚴治黨。**」[5] 因此從嚴治黨，對中國共產黨以後能做到長期統治中國來說，是一個非常重要、必須解決好和長期要能夠堅持下去的頭等大事，不然中國要進行偉大鬥爭、建設偉大工程、偉大事業、實現偉大夢想就會成問題。這一工作假如做不好，我相信必定會大大影響人類命運進化的進程的!

　　其次，如中國共產黨要在中國永久領導下去，王岐山說：「**黨中央必須堅定有腐必反，有貪必肅的旗幟立場。**」他指出：「**政治腐敗是最大的腐敗，一是結成利益集團，妄圖竊取黨和國家權力，二是山頭主義宗派主義搞非組織活動，破壞黨的集中統一。**」[5] 而更重要的是他還進一步指出：「**我們黨長期執政，面對的嚴峻挑戰是權力容易被侵蝕、黨的幹部脫離群眾。全面從嚴治黨，最終目的是要解決一黨長期執政條件下自我監督問題；跳出『其興也勃焉，其亡也忽焉』的歷史週期率。**」[5] 因此，對中國共產黨來說，怎樣能夠「**把黨的自我監督和人民群眾監督結合起來，探索自我淨化、自我完善、自我革新、自我提高的有效途徑，推進治理體系和治理能力現代化。**」[5] 是中國需要逐步努力解決和必須成功的治國理政條件和方略。不然，就難以擺脫**歷史週期率**!

但從科學發展觀和人類命運演進的角度來考量，我認為要解決好以上問題，並非一件容易的事。因為任何一個政黨要自我改革和自我完善，都需要頗長的時間，才能明顯地展現、建立和得到真正的鞏固；所以我們是需要給予中國共產黨充分的實踐時間以及要有等待它逐步有序地完善其自身建設的耐心。羅馬不是一天建成的（Rome is not built in one day）。

（二）中國的發展模式與人類命運共同體的關係。

習近平在世界經濟論壇2017年1月7日達沃斯年會開幕式上的主旨演講中指出：「**中國經過38年改革開放，中國已經成為世界第二大經濟體。道路決定命運。中國的發展，關鍵在於中國人民在中國共產黨領導下，走出了一條適合中國國情的發展道路。**」[6] 這一條從中國國情出發確立的道路或發展模式之能夠成功其主要原因是因為如習近平所説的，由於：「**中國立足自身國情和實踐，從中華文明中汲取智慧，博采東西方各家之長，堅守但不僵化，借鑒但不照搬，在不斷探索中形成了自己的發展道路。**」[6]

其次還有，「**中國秉持以人民為中心的發展思想，把改善人民生活、增進人民福祉作為出發點和落腳點，在人民中尋找發展動力，依靠人民推動發展、使發展造福人民。中國堅持共同富裕的目標，大力推進減貧事業，讓七億多人口擺脱貧困，正在向着全面建成小康社會目標快步前進。**」[6]

習近平在同一演講中還強調指出：「**條條大路通羅馬。誰都不應該把自己的發展道路定為一尊，更不應該把自己的發展道路強加於人。**」[6] 這一觀點大家在中國領導人的多次講話中都聽到過，就是中國不預備，也不會把

自己的發展模式輸出給其他國家。也就是說，中國不希望把自己所走的共產主義道路，一定要讓別人去抄襲和重複。但對中國自己來說，習近平在中共中央政治局第五次集體學習時再次強調，中國的共產黨人就必須「**保持先進性和純潔性的理論源頭，提高全黨運用馬克思主義基本原理解決當代中國實際問題的能力和水準，把《共產黨宣言》蘊含的科學原理和科學精神運用到統攬偉大鬥爭、偉大工程、偉大夢想的實踐中去，不斷譜寫新時代堅持和發展中國特色社會主義新篇章。**」[7] 在2018年年初的一次集體學習會上，習近平指出：「**《共產黨宣言》一經問世，就在實踐上推動了世界社會主義發展，深刻改變了人類歷史進程。我們黨開闢的新民主主義革命道路，都是把馬克思主義基本原理同中國具體實際相合的偉大創造。**」[7] 因此，強調這一方面的學習的重要性，就中國共產黨來說，完全可以理解。但很顯然的是，中國共產黨人不能用主觀主義或教條主義式的方法去學習、套用和堅持馬克思主義，而必須如習近平所指出的：「**我們要以科學的態度對待科學，以真理的精神追求真理，不斷賦予馬克思主義以新的時代內涵。**」[7] 其次，還要「**吸收人類創造的一切優秀文化成果，不斷深化對共產黨執政規律、社會主義建設規律、人類社會發展規律的認識、發展21世紀馬克思主義、當代中國馬克思主義，續寫馬克思主義中國化新篇章。**」[7]「**當前世界多極化、經濟全球化、社會資訊化、文化多樣化深入發展，各國相互關聯、相互依存程度之深前所未有。**」[7]「**人類已經成為你中有我、我中有你的命運共同體，利益高度融合，彼此相互依存。**」[6]

因此，以我的理解和根據中國的經驗所顯示的，從長遠的發展來看，每一個國家在參與或構建人類命運共同體之時，必須認真打造、充份準備和全面滿足以下五個方面的條件，即：

（1）有必要把馬克思所揭示的一些科學真理的有效部份融入其國家建設體制之內；

（2）必須做到把外來的思想、制度等與自己國家的傳統文化能夠相結合或相融合；

（3）必須吸收其他國家和人類所創造的一切優秀成果，加以融入在自身的經濟和政治體制之內；

（4）必須充分容納西方啟蒙運動 （enlightenment） 所倡導的優良文明和人文的內涵和基因以及治國理政的基本價值和方法，例如：理性（reason）、自由 （freedom）、民主 （democracy）、科學 （science）、人道主義；

（5）必須堅持正義；平衡、平等、包容地相互尊重不同國家所創造的文明，做到以和諧共處、相互交流和借鑒共融為目的的方向，不斷地去努力和堅持，讓人類命運未來的進化歷程能夠順暢及平和展現。

　　只有這樣做，人類才能形成一種如習近平所説的：**「你中有我、我中有你的命運共同體。」** (6)只有這樣做，人類才能真正的把人類命運共同體建立起來和永久地維持下去；人類只有這樣做，才可以全方位地推動人類文明，朝着穩定、和平的方向發展和演進，以達致人類命運進化的最終目標和最高境界；人類也只有這樣做，才能成功地把全人類文明與普世的科學文

明、科學真理和規律真正的融合及徹底的結合在一起。

以上「這些原則應該成為構建人類命運共同體的基本遵循」⁽⁴⁾和基礎。

其次，中國知名研究馬克思主義理論的王偉光教授指出，中國要堅持唯物論就：「要做到主體與客體相統一，主觀符合客觀實際，就必須按照實際情況決定工作方針。」⁽⁸⁾ 一步一步地去推動實現。

要知道生物（living things）的進化過程以及人類的進化（evolution of humankind）（包括：人類自身物理或物質（physical）的進化過程以及人類命運進化的演變過程在內）是一個非常緩慢、複雜、曲折和長期性的過程，而我估計最少需要幾個世紀的時間才能成功見效。因此要人類命運共同體建立起來所需的時間，肯定會頗漫長的。

其次，王偉光還強調指出：「在中國特色社會主義發展過程中，既要對原有的半殖民地半封建社會的封建因素加以否定，又要肯定中國兩千多年封建社會的積極成果；在發展社會主義過程中，既要與資本主義制度割裂，又要吸收中國民族資本主義、外國資本主義發展過程中的一些積極的東西。肯定什麼、否定什麼、肯定多少、否定多少，要依據中國具體國情來進行。全盤否定、全盤接受，都要出問題。譬如，對資本主義的民主，我們承認資本主義民主是優於封建專制主義的，但資本主義民主對於中國特色社會主義是全面適合還是全面不適合、哪些部分可能適合，要加以具體分析才能取捨，否則不是社會主義民主變色為資本主義民

主，就是對資本主義民主形色中有積極意義的東西也是一概拋棄。

對於否定方式要具體問題具體分析，不能用一種否定方式去硬套一

切事物的否定方式，不搞『一刀切』、『齊步走』」。[8]

因此，在建立人類命運共同體的過程中，我們必須做到最大程度的
包容、理性化、系統化及整體化。而我在上面所建議的5點，目的就是
希望能夠做到最大程度的包容、理性化、系統化及整體化。因為只有這
樣人類命運共同體作為一個整體來說，才能永久地持續進化和發展下去
（sustainable）。中國的文化從歷史發展的角度看，其特點向來是善於博
采眾家之長，兼容並蓄；現今中國不斷地開放，因此把現今各國擁有的優秀
文化和思想，兼容並蓄地予以採納和發展，形成一種國際或全球性的持續發
展和人類命運進化的模式，我相信並不會是一件很難做到的事。

傅瑩在她2018年年底出版的一本題為《看世界》的書中指出：「習近
平主席提出了構建以合作共贏為核心的新型國際關係和人類命運共同體，
呼籲國際社會攜手邁向共同發展的新時代。」[9]並且還強調指出，這一主張
和倡議的重要性是：「突出共商、共建、共贏的理念，形成一整套新的思
想體系，是對世界變革的積極回應，堪稱這個時代最重要的理論創新。」[9]
這我完全贊同。不過，我認為從較為哲理化和全人類長遠發展的角度來看，
這一整套新的基於外交思想體系的理念，是還有空間可以進一步發展、優
化、自我完善和提升的。換言之，我們還可以把人類命運共同體的理論體系
的基礎，與其有關的各種元素、不同組合和覆蓋面加以聯繫、擴大和務實地

發展。而要做實這多方面的工作，我認為最有效的方法是，如我在上面多處
地方和章節內所提到的，必須把人類命運共同體所包含和覆蓋的許多重要和
關鍵內容如：包容、理性化、多樣性、人文化、科學化、現代化、系統化及
整體化的幾個主要具骨架性的思想體系，提升至道德高地以及人類命運進化
的高度，形成一種能支撐一個類似「傘型上層建築」的穩定架構和體系。我
認為只有這樣，才能讓人類命運共同體，可以永久地持續演進和發展下去，
從而更好地保障和促進人類的共同進步，以及滿足人類能在這地球上和平生
活、生存和繁衍的期望和意願。

[人類命運共同體作為一個過渡性的階段]

在《構建人類命運共同體思想研究》一書中[(10)]，作者在分析有關「人類命
運共同體」與「虛幻的共同體」及「真正的共同體」關聯的問題上，指出：
「世界歷史展開的過程既是資本主義「虛幻的共同體」瓦解的過程，也是「真
正的共同體」生成的過程。」[(10)]作者在書中進一步分析指出：當今世界上出現
的各種日益嚴峻的全球性問題就其根源而言，都與資本主義社會的本質特徵有
關。這些問題的日益加劇表明，「虛幻的共同體」已經充分顯露出被否定前的
徵兆，「虛幻的共同體」被「真正的共同體」取代的歷史過程已經開始。但從
「虛幻的共同體」的瓦解到「真正的共同體」的生成是漫長的歷史過程，需要
經歷一個過渡性發展階段，通過具有過渡性特點的共同體，來聯結「虛幻的共
同體」和「真正的共同體」。[(10)]而這一聯結階段當然就是現今我們正在努力構

建的人類命運共同體。

　　至於我們（特別是中國）應具體採取怎樣的策略、方法、舉措、行動等，來推動構建人類命運共同體，在《構建人類命運共同體思想研究》一書中都有很深入精闢的論述，這裏我就不重複了。我只想指出，在構建人類命運共同體時，我們必須充份把科學、理性、人文精神等因素包含在內，因為這些因素不但是推動世界文明和人類命運進化的基石；同時，還是人類進入「真正的共同體」之後不可或缺的基石。

　　此外，作為一位生物學家，我想指出的是，人類就算真正進入「真正的共同體」的階段，人類所攜帶的從屬於「動物性」（animal traits or spirits）的一些性狀和弱點（如攻擊性、慾念、懶散等）也仍然會存在那裏。因此，人類命運共同體這一過渡性發展階段，不但會是一個漫長的歷史過程，而且還需要從兩個方面來逐步解決這些問題。換言之，在推進和建立人類命運共同體時，我們不但要解決好各種較為宏觀範疇的問題（涉及到全球化政治、經濟、社會等方面）；另一方面，我們同時還要解決好一些較為狹窄範疇（但同樣重要）的問題（例如：涉及到人類每一個人自身的「信仰」、心理素質、道德觀、品行等）。而在這一較為狹窄範疇方面的問題，則很少人提及；所以在本書中，我對以上問題也着重地作出了一些初步的分析，並提出一個解決方案，供大家參考(見第 9 章)。

　　但在這裏我也必須指出，這一過渡性發展階段，除了要妥善解決好人類所攜帶的從屬於「動物性」的劣質性狀和弱點之外；同樣重要的是，還得用科

技的力量以及文化文明力量來夯實人類命運共同體的基石和各種組成元素。

2019年5月15日，中國在北京舉辦的亞洲文明對話大會，在大會開幕式的主旨演講中，習近平指出，舉辦亞洲文明對話大會的目的是：「為促進亞洲及世界各國文明開展平等對話、交流互鑒、相互啟迪提供了一個新的平台。」[11]搭建這樣一個平台，正是為夯實人類命運共同體的基石、打好世界性的人文基礎，以及構建人類命運共同體所需的各種組成部分和元素，提供了上佳的機會，同時可以促使亞洲各國，在這方面更有信心地邁出重要的第一步。假如我們真能如習近平所說：「把握大勢、順應潮流，努力把亞洲人民對美好生活的向往變成現實。」[11]「把亞洲變成為一個和平安寧的亞洲、共同繁榮的亞洲、開放融通的亞洲。」[11]那麼人類命運未來的路線圖、人類命運進化的目的，就會變得更為清晰和容易實現 （clear and within reach）。正如習近平所說：「亞洲近幾十年快速發展，一條十分重要的經驗就是敞開大門，主動融入世界經濟發展潮流。如果各國重新回到一個個自我封閉的孤島，人類文明就將因老死不相往來而喪失生機活力。」[11]如果真是這樣，那麼人類命運的進化，將會形成為人類命運退化的這樣一種格局！如要保持人類的旺盛生命活力，國與國之間，就必須採取相互交流互鑒、取長補短的辦法。「一切生命有機體都需要新陳代謝，否則生命就會停止。」[11]人類命運的進化當也應如是看，是會停止不前的！假如我們希望人類命運的進化能永續下去，那麼我們必須做到，如人類文明的發展那樣，「既需要薪火相傳，代代守護，更需要順時應勢、推陳出新。」[11]把人類命運進化的基石、發展動力、源頭活水、創新引擎等各種元素發動起來。

※ 參考資料

(1) 《高級領導幹部歷史文化講座 — 傳統文化中的治國理政智慧（下）》，國家圖書館編，國家圖書館出版社（2015）第402，423，428頁。

(2) 〈中美衝突難免，熱戰無可能〉，香港《大公報》（A23/國際），2018年4月27日。

(3) 《文明的衝突與世界秩序的重建》（修訂版），塞繆爾·亨廷頓著，周琪、文緋、張立平、王圓譯，新華出版社，2010年1月第一版，2017年。

(4) 〈共同構建人類命運共同體〉，習近平《談治國理政》第二卷，2017年，外文出版社，第538，539，540，543，545-547頁。

(5) 《黨的十九大報告》輔導讀本，2017年，人民出版社，第12-20頁。

(6) 〈共擔時代責任、共促全球發展〉，《習近平主席在出席世界經濟論壇2017年年會和訪問聯合國日內瓦總部時的演講》，人民出版社，2017年單行本，第11頁。

(7) 〈從深刻感悟和把握馬克思主義真理力量譜寫新時代中國特色社會主義新篇章〉，習近平在中共中央政治局第五次集體學習時的講話，《廣州日報》，2018年4月25日。

(8) 王偉光主編，《共產黨員必備哲學修養》，2016年，人民出版社，第21，75頁。

(9) 傅瑩著，《看世界》，2018年，中興出版集團，第327頁。

(10) 王公龍等著，《構建人類命運共同體思想研究》，2019年，人民出版社，第112，113頁。

(11) 習近平，〈深化文明交流互鑒共建亞洲命運共同體〉，亞洲文明對話大會開幕式上的主旨演講，2019年5月15日，《人民日報》（海外版），2019年5月16日。

第7章
步入新時代人類迫切要求世界能永久和平

（一）和平是人類得以長期生存和繁衍的唯一保障

人類在二次世界大戰之前，都相信戰爭是可以用來解決人類所要面對的族羣與族羣之間，國與國之間的矛盾和紛爭等（其理由美其名為「為了生存」、為了什麼「信仰、自由、民主」等而戰）。但二次世界大戰之後，經過了由美國挑起和策動的韓戰、越戰等很不理性和殘酷的地區性戰爭，人人都開始認識和理解到，用戰爭的方法並不能徹底解決和消除任何族羣與族羣之間，國與國之間，意識形態之間的矛盾、紛爭和衝突的。

但現今有些喜歡走極端的人，卻在用恐怖主義的手段和各種慘無人道的方法，試圖達致他們要達到的目的。這些極端主義的行為必須予以譴責和制止，因為恐怖主義是人類公敵，用這種手段來達致任何目的，都是在把人類推上滅亡之路，絕對不能容忍。同樣值得遺憾的是，現今有些國家雖沒有明顯地採用恐怖主義的方法來解決族羣與族羣之間，國與國之間等的矛盾和紛爭，但卻不死心，還希望用戰爭和強權脅迫的武力手段來解決族羣與族羣之間，國與國之間等的矛盾和爭端，因此在世界各處不斷挑釁點火。他們這種做法，當然顯然會把人類文明以及世界文化的多樣性，迅速的予以消除和滅絕，促使人類社會逐步被推上逆人類命運進化之路（特別是現今許多國家都擁有大殺傷性武器和深不可測的各種新型的化學和智能化大殺傷性武器，要

毀滅人類是何等的容易）。但遺憾和悲哀的是，像美國這種所謂自由、民主國家，用一人一票選舉出來的特朗普總統，為了維護美國自身的利益以及所謂的美國式「人權」和價值觀，為了籠絡一些美國民粹主義（ populist ）的選民，仍在狂妄地和肆無忌憚地採用霸權及侵略等戰爭手段，不斷脅迫、鎮壓和欺凌其他的民族和國家。

過去中國也經歷了一段頗長的戰亂時期，對於這一段悲慘的歷史，中國人有非常痛苦的領悟和刻骨銘心的慘痛感受，所以強烈要求世界要和平，不要再有戰爭。尤其「**面對世界多極化、經濟全球化深入發展和文化多樣化、社會資訊化持續推進，今天的人類比以往任何時候都更有條件朝和平與發展的目標邁進，而合作共贏就是實現這一目標的現實途徑。**」[1]這就是為什麼中國一再強調：

> 「各國應該共同推動建立以合作共贏為核心的新型國際關係，各
> 國人民應該一起來維護世界和平、促進共同發展。各國和各國人
> 民應該共同享受尊嚴、共同享受發展成果、共同享受安全保障。
> 要堅持國家不分大小、強弱貧富一律平等，尊重各國人民自主選
> 擇發展道路的權利，反對干涉別國內政，維護國際公平正義。各
> 國要共同維護世界和平，以和平促進發展，以發展鞏固和平。每
> 個國家在謀求自身發展的同時，要積極促進其他各國共同發展，
> 不能把世界長期發展建立在一批國家越來越富裕而另一批國家卻
> 長期貧窮落後的基礎之上。各國要同心協力，妥善應對各種問題

和挑戰，共同變壓力為動力、化危機為生機，謀求合作安全、集體安全、共同安全，以合作取代對抗，以共贏取代獨佔。

中國是維護世界和平、促進共同發展的重要力量，是國際社會可以信賴的夥伴和朋友。中國將高舉和平、發展、合作、共贏的旗幟，牢牢把握堅持和平發展、促進民族復興這條主綫，維護國家主權、安全、發展利益，為和平發展營造良好的國際環境。中國將加強同各國人民友好往來，擴大同世界各國利益交匯點，為促進人類和平與發展的崇高事業作出積極貢獻。」[1]

「中國走和平發展道路，不是權宜之計，更不是外交辭令，而是從歷史、現實、未來的客觀判斷中得出的結論，是思想自信和實踐自覺的有機統一。中國走和平發展道路的自信和自覺，來源於中華文明的深厚淵源，來源於對實現中國發展目標條件的認知，來源於對世界大勢的把握。自古以來，中華民族就積極開展對外交往通商，而不是對外侵略擴張；執着於保家衛國的愛國主義，而不是開疆拓土的殖民主義。對和平、和睦、和諧的追求深深植根於中華民族的精神世界之中，深深溶化在中國人民的血脈之中。中華民族曾遭到列強長期侵略和欺凌，但中國人民從中學到的不是弱肉強食的強盜邏輯，而是更加堅定了維護和平的決心。中國人民抗日戰爭和世界反法西斯戰爭的勝利給我們留下的最寶貴的啟示，就是必須毫不動搖走和平發展道路。」[1]

「中國的和平發展道路，是新中國成立以來特別是改革開放以來，經過艱辛探索和不斷實踐逐步形成的。改革開放30多年的歷史已經證明，和平發展是中國基於自身國情、社會制度、文化傳統作出的戰略抉擇，順應時代潮流，符合中國根本利益，沒有理由去改變它。

世界繁榮穩定是中國的機遇，中國發展也是世界的機遇。走和平發展道路，對中國有利，對亞洲有利，對世界有利。中國堅定走和平發展道路，既積極爭取和平的國際環境發展自己，又以自身發展促進世界和平；既讓中國更好利用世界的機遇，又讓世界更好分享中國的機遇，促進中國和世界各國良性互動、互利共贏。

中國將堅定不移走和平發展道路並且希望世界各國走和平發展道路；讓和平的陽光永遠普照人類社會的星球。」[1]

以上所引的幾段中國中共中央宣傳部，導讀習近平講話的文字，如從人類命運進化的角度來理解和分析，我們可以清楚看到，人類之間的不斷鬥爭和戰亂，是造成世界不安和混亂的主要原因，而中國更清楚認識到戰爭的危害性，所以習近平2017年1月18日在聯合國日內瓦總部的一次題為「共同構建人類命運共同體」的演講中強調，國際社會必須要在「**夥伴關係、安全格局、經濟交流、生態建設等方面作出努力。**」[2]因為只有這樣做，人類才能建設一個持久和平的世界；「一個普遍安全的世界；一個普惠、平衡、共同繁榮、共贏的世界；一個開放包容的世界；一個清潔美麗的世界；一個國與

國能夠相互尊重、平等協商、交流、溝通、合作、互不無理越權干涉別國的世界；一個文明多樣性和不同的文明可以共存的世界；一個經濟社會能夠持續開放、發展和貿易暢通的世界；一個能夠讓人類和利於人類穩定地生存、繁衍、和平發展、進化的世界。」(1)

（二）貿易戰只能給人類命運的進化及和平發展帶來災難

真正的戰爭其殘酷性，對世界的和平發展，對人類命運的進化都具極大的危害性，這些都不用多説。三十多年前結束的所謂冷戰，其為世界和平帶來的負面影響和危害性也非小。但可惜的是，有些西方國家至今仍未能完全拋棄冷戰思維，繼續在利用冷戰思維來謀取自己最大的利益，並用各種骯髒齷齪、粗暴無理的手段和技量來打壓其他國家。譬如，由美國挑起的針對各國的貿易戰，便是一個極佳的例子。

「中美貿易戰」，從美國特朗普總統上台開始推行，現今可以説方興未艾。這一場貿易戰到底會拖多久？其規模多大？影響多深遠？會否演變成一場世界性的全面的貿易戰？怎樣結束？暫時還難以估計。但有一點是可以肯定的，美國挑起的針對各國的貿易戰，主要是衝着中國來的，目的是要把中國打垮。

有人分析説：美國在「二十世紀九十年代對中國的全面制裁，都**沒有把當時實力遠輸於今日的中國打倒，今天的技術戰也罷，貿****易戰也罷就會把中國顛覆？這一輪經濟全球化浪潮已經橫行數十****年，絕大多數國家和地區的經濟生產鏈條是全球佈局，單一國家**

哪怕是實力最強大的美國，要對其他國家和地區實行單邊制裁也難免會影響本國的經濟，為何美國要『一意孤行』？因為打響的不僅僅是貿易戰，而是國運之戰！」(3)

當代美國，作為資本主義的代表，其特徵是：（1）普遍化壟斷，（2）全球化壟斷，（3）經濟金融化：這就造成美國自身產業出現空心化，而其高端製造業、高科技的霸權地位正在受到威脅有可能會不保。特朗普因此就想要通過「美國優先」以及一系列財政政策、措施和對外挑起貿易戰來維持美國實體經濟的穩定以及保持其經濟、科技領先的優勢和地位。

一些政治分析家指出：「回看歷史，若是誰與美國發生貿易摩擦，大抵都是在某一方面已經或即將超越美國，特別是在核心技術方面讓美國感受到威脅，美國往往以貿易戰開局，繼而蠻橫強逼，直到搞垮對手。受害最深的莫過於日本。日本前首相福田康夫曾撰文提醒中國在面對美國時，應汲取日本的慘痛教訓提高警惕，謹慎行事。」(4)

上海復旦大學中國研究院研究員文揚指出，「應該看到，特朗普並不只是單獨的個人，而是一個新興社會運動的領袖，他的競選和當選都是美國這場社會運動的外在表現。這場運動超出了美國兩黨政治的傳統框架，特朗普言論非常出格、極端並超越『政治正確』規範，爭取到了更高的支持率，因此『特朗普運動』可以視為對於美國主流政治模式的一次顛覆。

特朗普革命甚至不僅僅是要終結美國的『新自由主義革命』，甚

至還要終結美國自二戰至今的理想主義路綫，或稱基於理想主義

的全球化。因為自上個世紀七十年代至今的『新自由主義革命』

其實只是美國更長時間的理想主義全球化的一種表現形式，而後

者才是美國的一個根本。

從現在開始，中國要把近四十年來受新自由主義意識形態強烈影

響的既有世界觀拋棄掉，那個帶有理想主義色彩的『美國A』正

在退出歷史舞台，即將登場的是一個大大不同於『美國A』的『美國

B』。從某種意義上講，這個『美國B』才是更真實的美國，就像

特朗普這個人一樣 — 自私、自大、粗俗、蠻橫。瘋狂追逐權利和

金錢、為此不惜犧牲任何他人。」(5)

文揚研究員的看法很有針對性。但我認為「美國B」並不能完全代表「真

實」的美國，「美國B」如果成功，也只能是暫時性的。「美國B」能耀武

揚威多久，主要看特朗普能坐在美國總統這一位置上多久。「理想主義」的「美國

A」遲早會再回來的，但以怎樣的形式回朝，會作出怎樣新的修正，難以預

料。美國的「理想主義」或「新自由主義」不會輕易退出歷史舞台，因為這

是美國立國之本。「美國B」所代表的只是一股右派（extreme right）或民

粹（nationalistic or populist）主義勢力，這一種勢力的崛起（現今除美

國之外，在西歐的一些資本主義國家也不斷地在出現）是一種週期性所形成

的現象，是與資本主義國家經濟週期性現象的出現（economic cycles），

美國金融界的過分貪婪和違規的操作、霸權主義的失控、地域性的不穩定等有着密切的關係。這一種現象的出現，其對人類社會的和平演進會起阻撓作用，但在人類命運的整體和長期發展過程中，這只是一短暫現象（雖然有時人類社會需付出的代價會是非常的昂貴和沒有必要）；但從人類命運漫長的進化歷史角度來看，其影響相對來說是極其微小的一個漣漪。不過，由於其暫時的破壞性有時又可以相當巨大，（有時又會間歇地重新得勢）因此我們必須認真對待、小心防範和盡一切努力加以阻止，把傷害減到最輕。同時，我們絕對不能讓這種事（或一些政治狂人的所作所為）變成為破壞和平、摧殘人性和毀滅人類命運進化的事態。

（三）怎樣才能保證世界可以長期和平

首先，讓我們來看一下中國是怎樣地在追求和促進世界長期和平的。新中國成立以來，特別是經過改革開放，中國逐漸摸索出了一條可以達到世界和平發展的道路。習近平2017年1月18日在日內瓦聯合國總部的演講中指出：「這100多年全人類的共同願望，就是和平和發展。」[2] 「但這項任務至今還沒有完成。我們要順應人民呼聲，接過歷史接力棒，繼續在和平發展的馬拉松跑道上奮勇向前。」「讓和平的薪火代代相傳，讓發展的動力源源不斷，讓文明的光芒熠熠生輝，是各國人民的期待，也是我們這一代政治家應有的擔當。中國方案是：構建人類命運共同體，實現共贏共享」。[2]有中國的評論員[1]指出：「中國將始終做世界和平的建設者，全球發展的貢獻者、

國際秩序的維護者。要共同營造對亞洲、對世界都更為有利的地區秩序，通過邁向亞洲命運共同體，推動建設人類命運共同體。」(1)

2018年5月30日習近平在同老撾國家主席本揚會談時，對怎樣具體構建亞洲國家之間的命運共同體時強調：「隨着中老關係進入新的發展階段，雙方應在鞏固命運共同體共識基礎上，聚焦命運共同體建設，推動其由理念轉化為行動、由願景轉變為現實，讓中老命運共同體落地生根、開花結果：一要加強戰略溝通，鞏固命運共同體政治基礎，中老雙方應開展全方位、多層次、結構性對話交流不斷提升互信水準。二要深化務實合作，拉緊命運共同體利益紐帶，雙方應着力推動『一帶一路』框架大項目合作，加強民生和扶貧合作，上下聯動，形成中老合作新格局。三要加強安全合作築牢命運共同體安全防線，雙方應加強在聯合國、東亞合作、瀾湄合作等多邊機制中的協調配合，有效維護兩國共同利益。四要活躍人文交流，夯實命運共同體民意基礎，通過民間往來和人文交流，讓命運共同體意識真正紮根到民間，深植在基層。五要重視生態保護，推動命運共同體持續發展。雙方應就生態和環保加強交流互鑒，探索打造綠色共同體的新路。」(6)。

從習近平以上的講話，我們可以清楚的看到，國與國之間的命運共同體的構建，首先必須要有一個和平的環境和相互的信賴，才能做到全面和理想地共同合作，實現利益相融地來構建命運共同體，推動人類命運的不斷向前持續進化。

不過現今的世界，大國擁有影響世界和平的決定性力量，切實運籌好大

國關係，去構建好人類命運共同體，從人類命運的長短期的發展來看，更是非常關鍵和重要。有中國的評論員指出（這裏我予以引用）：「**構建健康穩定的大國關係框架至關重要。俄羅斯是我國周邊最大的鄰居和世界大國，兩國擁有廣泛共同利益，是好鄰居、好夥伴、好朋友。兩國牢固建立起全面戰略夥伴關係，堅定支持對方發展復興，堅定支持對方維護核心利益，堅定支持對自主選擇發展道路和社會主義制度，務實合作取得重大進展，國際戰略協調和合作提升到新高度，成為和平共處、合作共贏的典範。中美關係是當今世界最重要的雙邊關係之一，在中國外交佈局中佔有特殊重要位置。中美構建新型大國關係，實現雙方不衝突不對抗、相互尊重、合作共贏，這是兩國人民和國際社會的普遍願望，是符合時代潮流的正確選擇。**」[1]

除美國之外，中國與歐洲各國建立一種新型的中歐關係，「實現雙邊不衝突、不對抗、相互尊重、合作共贏、大力拓展創新合作，人文交流合作，加強經濟與人文的結合，促進歐洲的均衡發展」，都非常重要。這從李克強總理在2019年4月舉行的第二十一次中國－歐盟領導人的會議所發表的聯合聲明與 [16+1合作] 藍圖，可以清楚看得出來；聲明並且還清晰地表明，這些關係的建立，是有利於促進歐洲一體化的進程（即形成一種大國的形態和格局），以及中歐關係的良性發展和互動的。同時從聲明與 [16+1合作] 藍圖，也可以看得出來，中歐關係的建立，對構建人類命運共同體，以及推動人類命運的進化，有着深遠影響和積極意義。

但要構建健康穩定的大國關係框架，我認為，很明顯的，中國正在推動

建設的國與國之間的關係框架：人類命運共同體，是唯一最理想和現實的選擇。由於建設人類命運共同體是中國首先提出來的，因此中國也必須講清楚，這不是什麼中國（或共產主義）或大國的戰略陰謀或統戰手法，而是人類要達到可以永久和平的唯一出路。中國除了要講清楚這一觀點之外，我認為還需要包容地聯合和團結像美國的「新啓蒙運動」（包括吸收他們的一些好的理念，如Steven　Pinker所推崇的理性、科學、人文主義等）[7]和美國更長時間的理想主義「全球化運動」的支持者，站在同一陣線和道德高地，積極要求世界和平；為推動人類命運的進化提供機會、創造條件，以及共同努力來促進和落實人類命運共同體的構建工作。最後，我們也可以清楚地看到，在任何時侯，在人類命運漫長的演化過程中，任何當政者，主要必須做到能堅持包容、理性、科學、不斷創新以及自身的廉潔、公正；人類命運共同體的長期健康和整體性的隱定以及和平發展空間，才能有效地可以得到保障和持續。我相信只有做到這一點，才可以有效維護地區性以及世界性的長期和平。也只有這樣，人類命運的進化才能有效得到落實。

2018年9月27日，中國駐美國大使崔天凱在大使館舉行中國國慶招待會上表示：「中美關係何去何從，再一次需要作出歷史性的選擇。中方致力於同美方共同秉持不衝突不對抗、相互尊重、合作共贏的理念，期待美方同樣作出正確選擇。」[8]崔天凱還強調指出：「中國的發展離不開和平穩定的國際環境，不斷發展的中國應當為人類作出更大的貢獻。中華民族的信念和利益決定了中國將始終不渝地走和平發展道路。中國將進一步向世界打開大

門，融入和促進全球共同發展。中國將推動更加包容、惠普的全球化，堅定維護國際自由貿易體系和秩序。中國致力於推動建設相互尊重、公平正義、合作共贏的新型國際關係，同世界各國一道構建人類命運共同體。中國永遠不尋求霸權，也反對任何人在世界上稱王稱霸。中國的立場光明磊落，始終不渝。」[8]從崔天凱的講話，我們可以清楚看到，中國就算在美國強大的經濟、貿易、軍事的同一時間的施壓下（美國的施壓目的是試圖不但要摧毀中國的經濟，並且要壓垮中國和置中國於死地），仍然致力於希望同美方能共同秉持不衝突的方法，盡量與美國共同維持和建立有建設性及健康和平的關係，造福兩國人民和整個人類社會，促進人類的發展和進化。可見中國對追求和平的堅持。在這一點上，我認為中國的做法完全正確，而且最終一定會得到勝利，因為中國是站在道德高地和實心誠意地在積極支持和推動着世界和平、自由貿易和經濟全球化的進程（holds the high ground of world peace, free trade and globalization）朝着人類更為睿智及美好的道路向前發展和進化。

但從較為宏觀的角度來看中美的關係，中美除了貿易方面的衝突之外，如傅瑩在她著的《看世界》一書[9]中所指出的，還有更深層次的歷史緣由以及對「世界秩序」＊（world order） 和「國際秩序」＊（又被形容為「國際體系」 international order or system）的不同看法和理解的問題需要解決。有關這方面的問題，讀者可以從傅瑩書中的有關陳述和分析進一步了解。在這裏我只想強調指出的是，中國必須努力，在這方面盡快尋找出或打

造一個能夠永久保持世界和平（world peace）及具包容（inclusive）的全球化新秩序（global new order）（或新的全球化秩序（new global order）），使人類可以繼續平穩和諧地在這地球上生活、生存、繁殖和進化。

*註：「世界秩序」是以美式價值觀和全球軍事同盟架構為支柱的全球霸權秩序，西方世界是其主要構成和獲益者。而中國談到秩序問題時，採用的表述是「國際秩序」和「國際體系」而不是「世界秩序」。中國説的是聯合國框架下的國際機構和體系，中國是其中的平等成員，有歸屬感，也是這個秩序的重要發起方和建設者。」(9)

　　2019年3月28日《人民日報》（海外版），在一篇報導有關習近平在聯合國教科文組織總部演講五週年的文章中「精闢指出文明是多彩、平等、包容的，向世界深刻闡釋了中國的文明觀 — 我們應該推動不同文明相互尊重、和諧共處，讓文明交流互鑒成為增進各國人民友誼的橋樑，推動人類社會進步的動力、維護世界和平的紐帶」(10)。我認為，中國所倡導和提供的文明觀，不但是一條讓人類可以合作共贏、共建共享、共同進步、合力共融的人類文化、世界文明發展的新道路、新方向；而更重要的是還明確引出了，我認為是一個新的概念，即：「人類的進步和發展，以及人類命運可持續不斷地演變及進化，是需要有『多變和多樣性』的土壤、環境和條件」。而這些大家都清楚知道，是源於理想的人文主義的理念：「文明因交流而多彩，文明因互鑒而豐富」這樣一個道理或真理*衍生出來的。正如達爾文在自然界所發現的那樣：「多變和多樣性」是促使生物自然進化的必要條件和原則。我們也可引用生物進化論的詞彙和概念來總結，即：「文明因交流而多變化（create more variation），文明因互鑒而多樣性（produce more diversification）」這樣一個普世真理或規律。

*註：這樣一個道理，也可以被視作為一條無法否定的規律和真理吧。因為否定了，就等於承認人類的命運、文明永遠只能朝着苦難、永無超生的境地發展（這是神學家要我們相信的東西）；但事實告訴我們，人類是可以自主地掌控和改變自己的命運的啊！

從達爾文的有關發現（即生物的「多變和多樣性」）**

**註：生物多樣性（bio-diversity）這一名詞，並不是達爾文所始創的。這一名詞在1980年代才開始出現和流行起來，而在1992年的Convention on Biodiversity, Rio Earth Summit才正式被肯定和廣泛應用。

延伸開來，我認為，對人類本身的進化，或更準確地說，對人類命運的演進，同樣適用。但也必須指出，這一觀點，在達爾文書寫和提出他的進化論（或更準確地說他的《物種起源》）時，還無法清楚預見或預測到人類文化和文明的「多變和多樣性」，也是推動人類命運演進，推動人類文明進步和世界和平發展的重要原則、元素和基石。而傲慢和偏見，自私和思想封閉，缺乏容忍和反對文明的多樣性，才是讓各種文明無法朝着「多變和多樣性」的方向發展和進步，以及文明之間無法避免衝突的最大最大障礙。綜觀人類命運的發展史，我們可以清楚地看到，人類的進化以及人類命運的演進，事實上，就是一部人類文明以及人類命運共生共進的演變史。

因此，我可以自信地下結論地說：「從人類命運進化的角度來看，只有讓文明的『多變和多樣性』的存在，才能促使各種文明可以和平共處及和諧進步。也只有這樣，人類命運共同體的構建，才有明確的方向和牢固的基石。」換言之，我認為人類命運共同體的構建基石，是科學規律和真理的體現（truth based on the law of science and fact），而不是什麼「信仰」（belief）或空洞的理論和猜想。

∴ 參考資料

1. 《習近平總書記系列重要講話讀本》，（2016年版），中共中央宣傳部，學習出版社、人民出版社，第261-264，266，269頁。

2. 〈共同構建人類命運共同體〉，習近平主席在出席世界經濟論壇2017年年會和訪問聯合國日內瓦總部時的演講，人民出版社（單行本），2017年，第20-21，24頁。

3. 〈貿易戰還是國運之戰〉，質方，《廣角境》，548期（2018年5月16日-2018年6月15日），第6頁。

4. 〈大國之器路漫漫〉，楊柳，《廣角境》，548期（2018年5月16日-2018年6月15日），第10頁。

5. 文揚，〈觀點薈萃〉，《廣角境》，548期（2018年5月16日-2018年6月15日），第23頁。

6.   2018年5月30日習近平在同老撾國家主席本揚會談時的講話，《澳門日報》，2018年5月31日，A4版。

7.   Steven Pinker, *Enlightenment Now - The Case for Reason, Science, Humanism, and Progress*，2018, Viking.

8.   香港《文匯報》，2018年9月29日，A15 中國新聞。

9.   傅瑩著，《看世界》，2018年，中興出版集團。

10.   〈共繪美美與共的人類文明畫卷〉，《人民日報》（海外版），2019年3月28日。

第8章
「人工智能革命」（AI Revolution）促使構建「優質老齡」（Optimal Aging）時代的到來及其對人類命運進化的影響

（一）

現今機器人和人工智能（AI）正在利用不斷深化學習（deep learning）等技術去精確覆蓋更廣以及涉及範圍更寬大的計算手段來提高AI的能力和力度，再加上其他許多數位科技（digital technology）的突飛猛進，美國MIT的兩位教授，麥克費和布林優夫森（Andrew McAfee & Erik Brynjolfsson）（1）在他們出版的《機器、平台、群衆》（*Machine Platform Crowd*）一書中指出：

「『機器人學』正處於寒武紀大爆發時期。各國自動化 —— 機器人，無人機、自動駕駛車輛等，同時變得更便宜、更廣泛、能力更強、更多樣化。」「機器人寒武紀大爆發因素，包括資料、演算法、網路、雲端及呈指數型進步中的硬體，簡稱為DANCE。」而「乏味、骯髒、危險、昂貴的工作，將會愈來愈常被機器人及同類完成。」但「就算是最先進的機器人，敏捷性與靈巧仍然遠不如人類，而且人類的這種優勢，大概還會維持好一段時間。這些能力，再加上我們的感官和解決問題的技巧，意味着在許多場合，我們將與機器人並肩工作。」[1]

麥克費和布林優夫森在他們的書中進一步指出：「電腦仍然

不了解人類的各種處境，因為他們並不像人類那樣體驗這個世界。我們並不預期機器很快就能寫出像樣的小說。」「創造性工作是人機新結合最有斬獲的領域之一，一個大有前景的方法是：讓機器負責『窮忙工作』產生初步提案再由人類加以延神、改善。」「數位科技非常不善於滿足我們的社會性需求，因此在未來相當長的一段時間裏，涉及社會性需求的工作可能將繼續由人類擔任，這類工作包括需要運用同理心、領導力，團隊合作及指導的職務。」「隨着科技的進步，高層次的社交技巧，可能變得比高級的量化技巧更有價值。結合社交技巧的能力通常可以獲得最高報酬。」[1]

以上是現在和近期正在發生的情況和預測；但20年，30年，40年之後的情況又會怎樣呢？下面讓我試圖來回答一下這個問題。

在過去約30年內，我們人類見證了接連出現的數位革命（又被稱為「巨科技」（Megatech Revolution）變革）[2]，其演變過程概括地可被分成「七波科技浪潮」：「第一波：大型主機；第二波：主從式架構與個人電腦；第三波：網絡1.0商機；第四波：網絡2.0、雲端、行動運算；第五波：大數據、分析、視覺化；第六波：物聯網與智能機器；第七波：人工智能。」[2]而最近鐵馬克（Max Tegmark）在他所著的一本名為《生命3》（*Life 3*）[3]的書中，把人類的生命的進化分成為三個階段（three stages of life）即：生命階段1.0、2.0和3.0「（Life 1.0, 2.0 and 3.0）」(見圖8.1)。依照鐵馬克的看法，人類的進化到了第3.0階段，可以說已非常「全能」，似乎什麼事都可以隨心所欲做得到了！

圖8.1 根據鐵馬克所描述的生命進化三階段論(Life1.0,2.0,3.0)的示意圖[3]：

有無能力設計軟件	無	無	有
有無能力設計硬體	無	有	有
有無能力生存和複製	有	有	有
	生命階段 1.0 （為一簡單的生物體， simple biological）	生命階段 2.0 （擁有文化， cultural）	生命階段 3.0 （擁有科技， technological）

（二）

我認為不管Daniel Franklin[2]還是鐵馬克[3]他們用什麼方法和理由來描述

AI在人類歷史演化過程中會出現「第七波」或「生命3.0階段」 —— 這些都不

重要，重要的是當人類進入（事實上已開始進入了）這一進化階段，數據科技

和AI等肯定將會改變人類的一切，包括：生命、命運、社會、人文、文化、經

濟、政治、價值觀、道德觀等等。但至於這一改變是好是壞，有許多不同的看法

和長遠預測，讓我在這裏舉個例子說明一下。譬如：哈拉瑞在他的《人類大命

運 - 從智人到神人》一書中指出：

「數據主義革命可能需要幾十年，甚至一兩個世紀，才能成

功，但人文主義革命也不是一夜之間忽然達成：一開始人類一直

相信上帝認為人類之所以神聖，是因為人類由神所創，由某種神

聖的目的。要到許久之後，才有一些人敢說：人類的神聖是靠自

己，上帝根本不存在。同樣的，今天大多數的數據主義者認為：
萬物互聯網之所以神聖，是因為它由人類所創，要滿足人類的
需求。但到最後，萬物互聯網可能只需要靠自己，就有了神聖的
意義。從以人為中心的世界觀，走向以資料為中心的世界觀，這
項轉變並不只是一場哲學上的革命，而是會真真切切影響我們的
生活。所有真正重要的革命，都會有實際的影響。人文主義認
為『人類發明了上帝』這件事之所以重要，正是因為有深遠的實
際影響。同樣的數據主義認為『生物是演算法』，這件事同樣有
極深遠的實際影響，不容小覷。所有的想法都要先改變我們的行
為，接著才會改變我們的世界。我們正努力打造出萬物互聯網，
希望能讓我們健康、快樂、擁有強大的力量。然而，一旦萬物互
聯網開始運作，人類就有可能從設計者降級成晶片，再降成資料
數據，最後在資料數據的洪流中溶解分散，如同滾滾洪流中的一
撮泥沙。於是數據主義對人類造成的威脅，正如人類對其他動物
造成的威脅。在歷史進程中，人類創造了一個全球性的網絡，不
論面對任何事物，都以它在這個網絡中有何功能，來給予評價。
幾千年來，這讓人充滿自尊和偏見。人類在這個網絡中執行着最
重要的功能，也就很容易認為自己是這個網絡任何成就的主要功
臣，就認為自己就是造物的巔峰。至於其他動物；因為牠們執行
的只是網絡中次要的功能，於是其生命和經驗都遭到低估；甚

至，只要動物不再能提供任何功能，就遭到滅絕的命運。然而，一旦人類對網絡也不再能提供重要功能，就會發現自己到頭來也不是造物的巔峰。我們自己設下的標準，會讓我們也走上長毛象和白鱀豚遭到滅絕的死路。到時回首過去，人類也只會成為宇宙資料裏的一個小小漣漪。我們無法真正預測未來，因為科技並不會帶來決定性的結果。同樣的科技，也可能創造出非常不一樣的社會。人工智能和生物科技的興起，肯定會改變世界，但並不代表只會有一種結果：但放寬視野也可能造成副作用，讓我們比以往更加困惑和不知所措。面對這麼多情況和可能性，該注意哪些才正確？這世界的變化速度比以往更快，而我們又遭到巨量的資料想法承諾和威脅所淹沒。人類正逐漸將手中的權力交給自由市場、交給群眾智慧和外部演算法，部分原因就出於人類無力處理大量資料數據。在古代，力量來自有權取得資料。今天，力量卻是來自知道該略過什麼。所以，面對這個混沌世界的一切，我們究竟應該注意什麼？」[4]

但「生物真的只是演算法，而生命也真的只是資料處理嗎？智能 （intelligence）和意識（consciousness），究竟哪一項更有價值？等到無意識（non-conscious）但具備高度智能的演算法比我們更了解我們社會、政治和日常生活將會有什麼變？」[4]

以上這些問題哈拉瑞在他的書中（假如我的理解是對的話）似乎並沒有給出

明確的答案，可能他自己心中也沒有答案，不然，他不會把這些問題放在他書
的最後。

那就讓我來試回答一下。

1. 我認為哈拉瑞所提出來的問題或擔心是有點杞人憂天。因為數據、人工智
能、機器人無論能力多大，他們的存在（或生存）本身是無價值、無意義和
無目的的。假如他們的自身存在（或生存）是有意義、有價值和有目的的，
那也是人類賦能（empower）予他們的（因為他們都是人類創造出來的工
具），是隨時可以被人類拿走或摧毀的。他們是人類創造出來的不具備生命
力的物件（non-living and non-biological things）；他們不像人類，我們人
類的存在和生存是一種自然現象，非常特殊（unique），是物質（即生物
本身）長期進化所造就的結果；換言之，也可以被理解為生物進化的產物
（product of evolution）。而生物進化的目的只有一個，並且是很明確和清
楚的，那就是試圖在一個很不友善的地球環境下，求生存和永遠繁衍下去。
人類作為這種擁有（與生俱來的）求生欲的生物的存在，可以說是生物界的
一種自然現像。假如你要證據，請看為什麼人在戰亂中會逃難求生。現今出
現在地中海和歐洲的難民潮，難道不說明問題嗎？難民的目的只有一個（不
是嗎？）就是要求能活下去！另一方面請想想看，機器人會懂得避開戰亂而
逃難嗎？它們會這樣做嗎？有必要嗎？假如機器人之間真的要打起來，那它
們只有死路一條：自我毀滅或被人類毀滅，這應是很明確和清楚的吧。所以
我不知道哈拉瑞所擔心的是什麼？他似乎是想得太多了！

2. 假如人真的把數據、人工智能、機器人當神來崇拜、當宗教般來信仰，那就是人類自己在作殘作賤自己，還有什麼好說的呢？不過，我認為這種情況不會發生，因為人類已擁有足夠的大腦智力和分析能力，會知道什麼對他自身的生存最有利，什麼對他自身生存的環境最不利；什麼對人類的命運的進化最有利；什麼對人類的命運的發展最不利；而會不斷作出利於自身的調整和適應（evolutionary adjustment and adaptation - 包括改變自己和改變環境），從而作出適合自己生存和繁衍的選擇和抉擇，掌控自身的命運的進化方向。哈拉瑞在這一個問題上又是過於多慮了。

3. 但哈拉瑞所提出來的問題和一些擔心，也具一定的啟發性或啟示性。因為他給了我們人類一個很好的警示或預警，提醒我們不要太狂妄，認為自己是萬能，很快就可以從智人跨越到神人。我相信哈拉瑞可能是希望讓大家更實事求是和腳踏實地去面對數據科技、人工智能、機器人、5G的發展對未來社會的顛覆程度和影響等。假如是真的話，那麼這是很好的一種正面的看法，我是贊同的。不過，現今在這一方面，我們特別需要做的是應不斷的督促有關企業和政府部門，要有效立法限制大數據、AI技術等的被濫用和流入不法分子之手來影響和掌控人類（譬如：就拿影響5G的安全運作來說，一旦出現，問題就會很嚴重）。因此，對於一些掌握了各種大數據和AI技術的企業，我認為各國政府必須通力合作，限制有關企業在這方面的權力，不能讓他們利用所掌控的數據和AI技術等，來主宰世界和人類；更不能讓一些狂妄的政治人物，掌控擁有數據和AI技術的企業，來主宰世界和人類。

事實上，對於降低人工智能可能帶來的風險和倫理隱患，促進人工智能行業的良性健康發展，中國北京智源人工智能研究院聯合北京大學、清華大學及中國科學院自動化研究所等單位，在2019年5月25日，發布了《人工智能北京共識》，在共識中提出了許多有關有益於構建人類命運共同體、有利於促進人類命運進化以及社會文明和世界發展的AI原則和AI方案。美國史丹福大學李飛飛教授也成立了一個以人為本的智能研究院（Stanford　Human-Centered AI Institute），來促進人工智能和人文領域之間的對話和溝通。可見現今在多方面，學者和業界都在努力正視和解決，由於人工智能的發展可能帶來的總總問題。所以哈拉瑞的擔心是不必要的。

（三）

　　但還有一點，我認為我們應該認認真真地去思考的，人類現今已可以很成功地戰勝饑荒、瘟疫和世界大戰（小規模的還不能），而這一切如哈拉瑞所說：人類已「**不像以前那樣無助，而感到無法理解、無法控制。這一切已經成為有可能處理的挑戰了。**」[4]　但他也提醒大家說：「**成功是野心之母，而我們最近的成就，也推動人類設下更大膽的目標。我們已經達到前所未有的繁榮、健康與和諧，而由人類的過往記錄與現有價值觀看來，接下來的目標很可能是長生不死、幸福快樂，以及化身為神。在減少了饑荒、瘟疫和戰爭之後，我們現在希望能夠克服年老，甚至是戰勝死亡。**」[4] 這一提醒是好事，但我想指出的是，我們要「**長生不老、永遠幸福快樂**」的目標還遠遠沒有達到，有些更永

遠不可能達到。至於人想要化身為神，那只是天方夜譚之説，哈拉瑞是把人類的智能看得過高了。我在前兩本有關人類命運演進的書中，就指出過，人並非是很聰明的生物，其智力的局限性也很大，經常會做許多的蠢事，甚至危害自己的事，在這裏我就不再展開討論了。

但人類想追求「永遠幸福快樂」這沒有錯。而現今的問題是，許多標榜自由主義的國家，只會強調怎樣去保障自己國家、人民的自由，而不讓其他的國家擁有組建他們國家的自由；最典型的一個例子就是以色列，死都不讓巴勒斯坦有建立巴勒斯坦國的自由！試想巴勒斯坦人，不能自己建國，又怎能幸福快樂呢？再舉一個例子。就拿中國來説，中國正在追求實現中國夢，中國夢的本質是希望做到國家富強、民族振興、人民幸福。但遺憾的是現今西方許多自稱謂「民主自由」的國家，譬如美國，就一而再，再而三的用盡各種齷齪的政治、經濟等手段在方方面面打壓中國的發展自由，阻礙中國實現中國夢。

「中國夢想意味着中國人民和中華民族的價值認同和價值追求，意味着每一個人都能在為中國夢的奮鬥中實現自己的夢想。正因為如此，中國夢具有廣泛的包容性，成為回蕩在13億多人心中的高昂旋律，是中華民族團結奮鬥的最大公約數和最大同心圓。中國夢是國家情懷、民族情懷、人民情懷相統一的夢。家是最小國，國是千萬家。國泰而民安、民富而國強。習近平總書記指出，國家、民族、個人在實現中國夢中相互依賴、相互依存。」

「中國夢是國家的、民族的,也是每一個中國人的。國家好、民
族好,大家才會好。」「中國夢的最大特點,就是把國家利益、
民族利益和每個人的具體利益緊緊聯繫在一起,體現了中華民族
的『家國天下』情懷。只有國家富強、民族振興,人民才能幸
福。」(5)

假如每一個國家都能真正做到為他們的人民實現幸福之夢,那麼世界各
國才可能和睦共存,人類才有和平的好日子可過。現今的問題是,許多西方
國家自私地為了要維護自身人民的幸福、自由,想方設法尋找各種理由和藉
口不讓其他國家的人民有幸福的日子好過以及做各種損人利己之事;甚者,
還要逆人類進化的規律,置他們於死地!

最後,我想就哈拉瑞所說,未來人是否想要「長生不老」?能否可以做
到「長生不老」?這一話題拿來討論一下。

最近有報導(6)指出:「隨着醫療技術發達,人類愈趨長壽。日本
厚生勞動省稱,日本去年人均壽命再創新高女性平均壽命由去年
的87.14歲上升至87.26歲,穩居世界第二,僅落後於香港,而
日本男性平均壽命則由去年的80.98升至81.09歲,由第二名跌至
第三,居於香港及瑞士之後。官員指出,與去年相比,全球女性
平均壽命增長0.13歲,而男性則上升0.11歲,增幅主要受惠於癌
症、心臟病及中風這三大嚴重疾病的死亡率下跌。他們認為,數
據反映民眾健康意識有所提高持續改善生活習慣,醫療技術進步

亦有助人類壽命進一步提升，估計一旦人類完全克服三大重疾，壽命更可延長5至7年。今次統計官員還特別計算無需特別護理，可自立生活，以及未臥床不起的『健康壽命』，2016年女性為74.79歲，男性為72.14歲，認為縮窄平均壽命與『健康壽命』的差距是值得關注的議題。」[6]

從以上的數字可以預測，未來人均壽命到達一百歲大概不會成問題，但人的壽命的極限，根據許多長壽的人瑞的記錄顯示[7]　大概可達到120歲左右。因此，要想追求「長生不老」，完全是癡心妄想。不知道哈拉瑞提出這樣一個無稽的論點是什麼意思？

現今數據科技、人工智能、機器人等已把人類推上一個人類快速進化的新時代。但另一方面，現在許多國家也將會（有些已經早進入了，如日本）很快如日本那樣進入一個人類進化至今還沒有遇到過的「老齡化時代」。人類怎樣去面對這一個問題？怎樣去解決這一個問題？在人類進化的過程中，老齡化代表着什麼？對人類要生存、繁衍有多大影響？是負面還是正面的？有哪些積極因素？等等……

在回答以上問題時，讓我們先來了解一下人類的年齡變化與人類各年齡階段的基本需求和功能之間的關係。這我在圖8.2扼要的總結勾劃出來供大家參考（見圖8.2）。

從圖8.2我們可以看到當人類進入老齡化時代，現今的社會、醫療、人工智能（AI）、生物技術等科技進步，還遠遠未能滿足老齡化時代所需和促

圖8.2 人類的年齡變化與人類各年齡階段的基本需求和功能之間的關係

年齡	需求/功能	年齡成長階段的劃分*	需要關心的問題	與人類進化的關係	社會進步/科學、醫療、AI等能起的作用和提供的解決方案
出生- 3歲 (3年)	需全由父母養育	早期第一齡階段(Early First Age Stage)	怎樣提供利於養育的環境	需要父母全面保護才能生存	不足夠
3 -17歲 (14年)	需接受基本教育	中期第一齡階段(Mid First Age Stage)	怎樣提供利於生長和接受教育的環境	需要父母全面保護	不足夠
17-22 歲 (5年)	需受專業/大學教育	晚期第一齡階段(Late First Age Stage)	怎樣提供利於生長和接受教育的環境	需要父母及社會給予全面或部分保護	不足夠
23- 65歲 (42年)	參加工作，貢獻社會，養家	第二齡階段(Second Age Stage)	建立人際、社會關係；發揮獨立自主能力	推動人類進化和未來社會發展階段	不足夠
66-76歲 (10年)	退休享受晚年；但仍可積極工作；可以做到「老有所為」	早期第三齡階段(Early Third Age Stage)	怎樣保持身體健康；身心愉快；還可為社會繼續做力能所及的貢獻	生活無憂、幸福；有獲得感、滿足感；健康活齡；心態積極	非常不足夠
77- 87歲 (10年)	有意義的享樂；做能力所及的社會服務	晚期第三齡階段(Late Third Age Stage)	社會及產業應提供老年生活全覆蓋的保障	生活得有尊嚴；社會應盡量保證提供充份發揮夕陽紅餘熱的條件	非常不足夠
88-95歲 (7年)	維護身體健康	早期第四齡階段(Early Fourth Age Stage)	維護身體健康	不大	非常不足夠
95-105歲 (10年)	要為繼續生(或死)作出選擇；對生或死都堅持要有尊嚴 (即活得有尊嚴，死得也要有尊嚴)	晚期第四齡階段(Late Fourth Age Stage)	社會對生或死都要保證提供相應有尊嚴的服務和處理方法	無	不足夠
106-120歲 (14年)	依照條件/法律繼續為生或死作出選擇			逐步完成和終結人體器官正常的新陳代謝 (即人體的各種器官會——衰敗失去功能)	還不足夠
120+歲	相信人類的生命不可能會超越這一極限	長生不老不可能		完成生物生長週期的規律 (Life About to End)	

*註: 參考 D.C. Carr，K. Komp，*Gerontology in the Era of the Third Age - Implications and Next Steps*，2011，Springer。

使優質老齡化時代（optimal　aging）的到來。依我的看法，特別是在數據科技、人工智能和生物技術方面，要做到能夠提供優質老齡化方面的全方位或一條龍式的服務，最少可能需要20到30年的時間，才能初步滿足需求。而如要徹底解決好優質養老這一問題，我的觀點是，我們最少需從以下五方面着手去解決：（1）對老人來說必須保證有家人或親朋戚友或義工的協助、關懷和支持；（2）保證有足夠的醫療照顧；（3）保證有穩定的財政支撐和有效的理財管理方法；（4）要有較為充實的或適當的或力能所及的工作以及文化娛樂活動；（5）要提供充足的人工智能化的服務。

我認為數據科技、人工智能和生物技術在以上各方面都可以發揮巨大的作用，而且其作用還要從青年和中年時期便開始去籌劃和建立；因為，譬如有關健康的問題，這並不能等到一個人老了之後才去關心和解決，而是要從青年和中年開始便要注意和積極去面對這些問題。而有了數據科技、人工智能和生物技術的協助，這些問題也就可以提早予以預設好，這樣養老的所有問題便容易迎刃而解。不過，現在的關鍵問題是我們和我們的政府，在這方面是否已經準備好了？做好計劃了？同時，不要忘記，養老服務消費等有可能很快就會變成為一個重要的新的經濟增長點和支撐點（如：老年人的大量的網絡消費和智能消費等），即：「**銀髮經濟體**」。

因此，對於數據科技、人工智能等方面的發展，我們應持積極鼓勵的態度（特別在支撐養老方面），因為還有許許多多的事和短板需要依靠數據科技、人工智能等來推動、解決和完成。像哈拉瑞[4,8]這種只從壞的方面和假

設去看待數據科技、人工智能和生物技術等的發展，只會阻礙這方面科技的自由發展；奇怪的是，哈拉瑞自稱是一位自由主義的捍衛者[8]卻看不到這一點和不重視這方面的自由！且看哈拉瑞是怎樣說的，在《今日簡史》一書中[8]，他說：「**資訊技術和生物技術的雙重革命，讓人類這個物種遭遇了有史以來最大挑戰，從而對自由主義逐漸失去了信心。資訊技術和生物技術一旦攜手，可能很快就會讓數十億人失業，同時破壞『自由』和『平等』這二個概念。大數據演算法可能導致數字獨裁，也就是所有權集中在一小群精英手中，而大多數人不只是被剝削，還面臨更糟的局面；如草芥般無足輕重。**」[8]

哈拉瑞明顯過分誇大了數據演算法的威力了！我認為現階段，大家對於數據科技、人工智能和生物技術等等方面的創新、改量和發展，如他們能真實地為人類帶來好處及促進人類可以加快進化步伐的能力的話，這些科技都應該給予鼓勵和充份肯定，而不應去加以矮化和提出一些不着邊際的危機預言和恐嚇。不過，現今正在如火如荼發展的「腦機交互」、「腦機介面」等技術（neuro-tech；brain-computer interface technology；digital eco-system）倒是值得大家關注一下的，因為這種科技會直接影響和改變人類的許多基本功能。而我估計其未來發展也有可能會很快就徹底顛覆（constructive disruptive or constructive non-conform）人類的能力、思維、意識、學習以及行為和習慣等模式。而這些，對人類命運未來的進化模式，也肯定會帶來巨大的影響。

最後，讓我總結一下，我非常同意習近平2018年9月17日，在致「2018世界人工智能大會」的賀信中所強調的，對中國來說一定要「把握好這一發

展機遇，處理好人工智能在法律、安全、就業、道德倫理和政府治理等方面提出的新問題，需要各國深化合作、共同探討。」[9]我認為只有通過大家在這方面的不懈努力和精誠合作，不斷地去發現問題和解決問題，才能建立完備的和大家都能接受的有關人工智能發展的規則、規章和制度；才能最大限度釋放人工智能的功能和發展效益；才能遏制和減少人工智能潛在的風險和危害；才能保證與人工智能相關的技術和人文主义文化等能與人工智能進一步融合、穩步向前發展和不斷創建和增加相互之間的積極正面協同效應和影響，而不受到各種各樣非理智和不理性的言論和政治的干擾。只有這樣人工智能才能為老齡化時代的到來，為世界人民進入更為幸福和平的時代，提供更好的服務。而從人類命運進化的角度來看，人工智能也將會提供更多更好的機會和條件，促進人類朝着更高階段的方向進化和發展。

但另一方面我們也要警惕和深入地思考，正如華盛頓大學的計算機科學系的佩德羅·多明戈斯教授[10]所指出的，現今已有技術、算法和理論顯示具有人工智能的機器人不但有能力自我進化（而且速度驚人）和不斷優化，而且很有可能「在十年內，我們中的每一個人都可能擁有一個『數字替身』，這個人工智能助手將比我們今天的智能手機更加不可或缺。」「你的數字替身不需要和你一起移動，它很可能存在於雲中的某個地方，就像你現有的個人數據一樣。我們可以在Siri、Alexa和Google助手等虛擬助手中看到它的雛型。數字替身的核心是一個你自身的模型，該模型將從你與數字世界互動時產生的一切數據中學習，包括桌面電腦、網站、可穿戴設備以及智能揚聲

器、恒温器、手機信號發射塔和攝像機等環境傳感設備。 我們的學習算法越
好，我們給數字替身提供的個人數據越多，它就會變得越精確。一旦我們有
了主算法，就可以通過增強現實設備和其他個人傳感器連續捕捉你的感覺和
運動信息，這樣一來，數字替身會比你最好的朋友都更了解你。」[10] 這樣一
個『數字替身』助手的出現，它到底應被視作為你(人類)的奴隸、寵物、朋
友、還是伴侶？對我們的社會結構、人文形態的構建、人類文明的進化，將
會起到什麼作用？帶來怎樣的結果？其顛覆的強度將有多大？等等，都是現
今我們人類必須面對和盡快予以引導或解決的問題。

　　李開復在他最近出版的《AI-未來》一書[11]中深刻指出，「人工智能將會
取代人類完成不屬於人類專有的各種重複性工作。愛，才是人類的特質。人
工智能不會去愛，它們甚至沒有感情和自我意識。AlphaGo人工智能算法雖
然能擊敗世界冠軍，但是它體驗不到手談的樂趣，勝利不會給它帶來愉悦，
也不會讓它擁抱愛人的渴望。」[11]而除了愛，相比人工智能，人類的優勢還
在具有「創造力和同情心」等。處身在人工智能革命這一浪潮中，我們別無
選擇，必須持樂觀和努力解決問題的心態，才會有所成。從人類命運進化和
發展的角度來看，這應是唯一正確的選擇。

　　2019年5月16日，習近平在第三屆世界智能大會：「更好造福世界人民」
的賀函中指出：「當前，由人工智能引領的新一輪科技革命和產業變革方興
未艾。在移動互聯網、大數據、超級計算、傳感網、腦科學等新理論新技術
驅動下，人工智能呈現深度學習、跨界融合、人機協同、群智開放、自主操

控等新特徵，正在對經濟發展、社會進步、全球治理等方面產生重大而深遠的影響。」(12)

　　而在2015年12月16日，召開的第二屆世界互聯網大會上習近平也曾指出：「互聯網雖然是無形的，但運用互聯網的人們都是有形的，互聯網是人類的共同家園。讓這個家園更美麗、更乾淨、更安全，是國際社會的共同責任。國際社會應該在相互尊重、相互信任的基礎上，加強對話合作，推動互聯網全球治理體系變革，共同構建和平、安全、開放、合作的網絡空間，建立多邊、民主、透明的全球互聯網治理體系。」

　　換言之，進入新時代，從發展的角度來看，人類有必要盡快構建一個全人類都能安心享用的網絡空間命運共同體。同樣的，人類也有需要盡快構建一個全人類都能全面投入，可以非常安心，並容易適應其永遠在不斷地進步和快速變化轉型的，以數字經濟及人工智能等為壓艙石的，人類命運的進化歷程和多彩的命運共同體。

參考資料

1. 麥克費和布林優夫森 (Andrew McAfee & Erik Brynjolfsson) 著，《機器、平台、群眾》（*Machine Platform Crowd*），李芳齡譯，2017年，天下文化書坊，第128，149頁。

2. 《巨科技 – 解碼未來三十年的科技社會大趨勢》（*Megatech - Technology in 2050*）；Edited by Daniel Franklin，何承恩、李穎琦、張嘉倫譯，2018年，天下文化書坊，第107頁。

3. 鐵馬克 (Max Tegmark), *Life 3.0 - Being human in the age of Artificial Intelligence*, 2017，Penguin。

4. 哈拉瑞著，《人類大命運 – 從智人到神人》，林俊宏譯，2017年，天下文化書坊，第25,26,438,439,443,444,445,446頁。

5. 《習近平新時代中國特色社會主義思想三十講》，中共中央宣傳部，2018年，學習出版社，第36頁。

6. 香港《文匯報》，〈港男女最長壽3連霸〉，國際新聞 (A15)，2018年7月22日。

7. "*Human lifespan may not have peaked, study says*", *South China Morning Post*（Health page），2018.6.30。

8. 哈拉瑞 (即：尤瓦爾.嚇拉利) 著，《今日簡史 – 人類命運大議題》，林俊宏譯，2018年，中信出版集團，第VIII頁。

9. 〈央視快評：推動人工智能更好造福社会〉，2018年9月19日，香港《文滙報》，A16 中國新聞。

10. 佩德羅‧多明戈斯，〈數字替身：探索人生的無數可能〉，《環球科學》，2018年10月號。

11. 李開復，《AI-未來》，2018年，第006頁，浙江人民出版社。

12. 習近平，2019年5月16日，給第三屆世界智能大會：〈更好造福世界人民〉開幕日的賀函，香港《文匯報》，A16 中國新聞，2019年5月17日。

第9章
進入新時代推動人類命運進化的基石及元素

（一）

哈拉瑞（Yuval Noah Harari）從2014至2018年用英文分別出版了三本銷路很好，而且似乎頗具影響力的書〔註：在2011年先有了他用希伯來語寫的第一本書〕：（1）《人類大歷史 ─ 從野獸到扮演上帝》（2014年出版）[1]，（2）《人類大命運 ─ 從智人到神人》（2016年出版）[2]，（3）《今日簡史 ─ 人類命運大議題》（2018年出版）[3]〔註：都已有了中文譯本，他的名字有時被譯作為赫拉利〕[1,2,3]。

這三本書的主題都是有關哈拉瑞對「人類命運」的看法、分析和預測，但作者在書中主要想解決的似乎是這樣一個問題（用他自己的話來說）：

「生命的意義在今天究竟是什麼？」 [3]

對於這一個問題他似乎沒有找到答案（至少還沒有找到令他滿意的答案吧！），因此他好像有些着急，在他所著的第三本書中——《今日簡史——人類命運大議題》他說：「**智人已經無法再等待；哲學、宗教或科學也沒有時間忍受沒有答案的拖延。我們辯論生命的意義已有數千年之久，不可能讓這場辯論無限期延續下去。**」[3]這我同意。因為我從年輕時接觸中西哲學思想史開始，便已迷迷糊糊的或多或少想到過這一個問題，但一直要等到現今，我已踏入古稀之年，才找到了令我滿意的答案（應該說才有這信心來回

答這一個問題）。因此，我在2018年下了決心，就把我對這一個問題的看法，分別也寫了三本書，將「**生命的意義**」這一故事，用我的方法説出來，並且希望把它説好和得到贊同和支持。想像，如果我幸運，有可能像哈拉瑞所説的那樣，「**只要把故事説得很成功，就會讓智人擁有巨大的力量，因為這能使得數以百萬計的陌生人合力行事，為了共同的目標而努力**」[1]。

—————（二）—————

現在回來再説哈拉瑞從2014至2018年用英文分別出版的三本書。當我讀完他第一、第二兩本書[1,2]時，我還沒有清楚地看出他寫書的目的和立場，但在看完他第三本書[3]後，就清楚明白他的目的和立場了。下面讓我引用他自己的話，就更容易明白他的著書目的和立場，他説：

「在開啟這番智識之旅之前，我想強調一點：本書絕大部分內容談的都是自由主義世界觀和民主制度有何缺點，這並不是因為我認為自由民主有問題。相反，我認為，面對現代社會的種種挑戰，自由民主是人類迄今最成功也是最靈活的政治模式。雖然不見得適用於每個社會的每個階段，但比起其他所有方案，自由民主都曾在更多的社會和更多的情境中證明了自己的價值。因此，面對新挑戰，我們有必要了解自由民主的局限，並討論如何調整和改善目前的自由民主制度。但不幸的是，在目前的政治氣氛下，任何關於自由主義和民主的批判都可能被各種反自由主義運動所利用；他們只是想詆毀自由民主，而不是為了公開討論人類

的未來。雖然他們很樂於討論自由民主有何問題，卻幾乎容不下任何針對他們自身的批評。因此，作為本書作者，我也得作出艱難的決定。我是應該敞開心扉，冒着被他人斷章取義的風險暢所欲言，還是壓抑自己的真實想法？非民主政權的一個特徵是很難做到言論自由。而隨着這些政權的擴張，要對人類物種的未來進行批判性思考也就越來越危險。」(3)

從以上所引的一段話，我們可以看到哈拉瑞思想上的自我矛盾之處，他説：「本書絕大部分內容談的都是自由主義世界觀和民主制度有何缺點，這並不是因為我認為自由民主有問題。相反，我認為，面對現代社會的種種挑戰，自由民主是人類迄今最成功也是最靈活的政治模式。」(3)

原來哈拉瑞寫這三本書的目的是在捍衛西方式的自由民主！哈拉瑞認為「自由民主是人類迄今最成功也是最靈活的政治模式」，這似乎是太過武斷一點了吧！真實的情況似乎是西方式的「自由民主」，以及其選舉制度，是人類迄今為止運作非常昂貴，浪費人力物力非常之大，在大多數的國家都不太成功，且最具欺騙性、欺凌性、煽動性以及非常容易被別有用心的政客、政黨、野心家要來玩弄人民、阻礙人類命運進步的政治遊戲。就拿2018年8月24日，在澳洲上演的「逼宮」事件來説，澳洲的民主政府制度歷史不可説不悠久，但近年如走馬燈般不斷的更換總理（10年7總理）。這些總理的相繼下台，「當中大部份均是因捲入黨內派系鬥爭逼宮，政治鬥爭不斷令國民深感厭倦；《悉尼先驅晨報》更形容澳洲民主制度已成為『大笑話』。」(4)像

澳洲這樣的民主制度是否哈拉瑞認為的「是人類迄今最成功也是最靈活的政治模式」？不可能吧！試問世界上有多少個國家可以經得起和承受這樣的折騰（特別是發展中的國家）？假如是一些發展中的國家，這樣的民主制度，對其治理內部的多宗教、多民族等的矛盾和穩定會有怎樣的影響？對這些國家的人民到底會帶來什麼好處？為他們的人民能帶來多少幸福？這種政治制度經常所引發或帶來的政策上的頻繁的折騰、動亂、內鬥、內戰，最終很有可能會走上軍國主義或民粹主義的道路。試問，像這樣的情況，我們還見得少嗎？我對哈拉瑞所認為的**自由主義世界觀和民主制度**「是人類迄今最成功也是最靈活的政治模式」是難以全面認同和有不同的看法。

我所持的理由如下，並同時希望如哈拉瑞所希望的那樣，通過用「公開討論」的方法來解決「人類的未來」的問題：

（1）首先讓我們來看看美國這一「自由民主」國家的所作所為（上面提過的澳洲的情況，事實上在英國、日本、韓國等國家也經常出現，但為了節省篇幅，這裏就不作詳細討論了）。為了「美國第一」［註：這不單單是特朗普一個人的意志，因為他是一個由「自由民主」政治體制選出來的總統，是具有代表性的啊！］他是怎樣挑起世界性的貿易戰和怎樣欺凌、訛詐、施壓於別的國家的——其手法之惡毒、霸道、橫蠻難道是一個「自由民主」國家應該做的事嗎？是一個「自由民主」國家應有的價值取向嗎？這樣的一個「自由民主」的政治模式，難道真能解決「人類的未來」的問題和為人類帶來持久和平嗎？

比較中國在這方面所做的事情。中國並沒有採用西方式的所謂「自由民

主」的政治模式，但2018年7月30日，中國國務院兼外交部長王毅在中英

外長會晤當日，應詢就中美貿易摩擦闡明立場時指出：「**貿易國際化是國際**

社會普遍共識，更是不可阻擋的歷史潮流。中方將同英方及國際社會一道，

維護全球自由貿易體系和世貿組織規則。中國始終站在維護自由貿易體制

一邊，站在歷史的正確一邊。誰搞單邊，誰才會被孤立。過去、現在和今後

的國際實踐都會繼續證明這一點。」(5) 因此，可以這樣說，不論一個國家的

政治模式（或體制）如何，他與維護自由或自由貿易體制似乎並無一定的關

係，與維護國際間的自由民主也無一定的關係。事實上，一個宣稱自己是最

「自由民主」的國家——美國，卻整天的在想方設法、挖空心思反對自由貿

易體制和不讓別國在貿易方式和制度方面有任何的選擇自由；並且還利用自

己手中的權力（包括國家的力量）來肆意歪曲自由貿易的體制和法規的真諦

和壓制其他國家去追求自由、正義、普惠的價值和國際關係的自由民主化。

採用了像美國這樣的「自由民主」政治制度模式，是真的能解決「人類的未

來」的問題嗎？我非常懷疑！美國這種的所謂「自由民主」政治制度，只會

製造種族間及國與國之間沒完沒了的緊張關係和緊繃的政治局面，對人類要

求能永久地和平和諧的生活及生存在這世界上，將會造成巨大的阻礙和危

害；對人類命運的進化，對世界文明的建立，對人類命運共同體的構建，也

會起着非常消極的作用。

　　中國國務委員兼外交部長王毅2018年8月4日出席新加坡舉行的東盟與

中日韓（10+3）外長會議時，「王毅表示，當前，**經濟全球化出現波折，**

單邊主義和保護主義抬頭，國際秩序和多邊貿易體制受到衝擊。面對新的不確定和不穩定性，10+3國家必須展現推動貿易自由化的強烈意願和維護多邊主義的堅定決心，堅定推動區域經濟一體化，建設東亞經濟共同體，構建開放性世界經濟，為世界經濟提供穩定性和確定性。」[6]

另一份報紙又報導：「對於美方近日稱，要對二千億美元輸美產品的徵稅稅率由百分之十提高到百分之廿五，中國商務部和外交部二日雙雙作出回應，指中國已對美方升級貿易戰的威脅作好充分準備，將不得不作出反制。中方還奉勸美方端正態度，『不要試圖搞什麼訛詐』。對於美方升級貿易戰的威脅，中方已經作好充分準備，將不得不作出反制，以捍衛國家尊嚴和人民利益，捍衛貿易和多邊體制，捍衛世界共同利益。」[7]「同時，中方一貫主張通過對話解決分歧，但前提是必須平等相待和信守諾言。發言人還說，美方對中方的種種無端指責，根本目的是打壓中國的和平發展。同天，中國外交部耿爽也在例行記者會上回應此事指：「第一，我們奉勸美方端正態度，不要試圖訛詐，這對中國不起作用。第二，我們奉勸美方回歸理性，不要一味意氣用事，這樣最終傷害他們自己。」[7] 一個自詡為「自由民主」的國家——美國，似乎只會揮舞所謂維護自己國家的自由民主的大棒來威脅和壓制其他國家的發展自由！這種美式的自由，不知是否哈拉瑞要維護的「自由」？這樣的美式自由對促進人類和平相處，建立國際關係民主化，推動人類文明的進步以及人類命運的進化會有幫助，還只能是增添禍害？不言自明。相反，中國並沒有採用西方式的政治體制，但却不斷的在維護自由民主，這又說明了什麼？說

明西方式的自由民主是一種非常自私自利和虛偽的體制。如要世界上所有的國家都採用這種體制，從人類文明進化的角度來看，我看只會為世界帶來戰爭和災難，為人類要求持久和平，國與國之間和睦共處，導向愈來愈艱難痛苦的困境。

（2）自由的真諦是：你可以有你的自由，但你不應把你要的自由（或意識形態、價值觀等）強要求別人或強迫別人去接受。同樣，從政治的角度來考慮，譬如一個國家，你可以追求你自認為可以接受的政治體制模式，但你不應該把你的政治模式強要求別的國家去採納和接受，更不應該去詆毀別的政治體制和模式，假如你這樣做你就侵犯了別的國家的選擇自由。這種做法與許多宗教強迫人去信神的做法，污蔑別的宗教信仰，同樣是不能被崇尚自由意志的人接受的吧!

（3）有人說有民主選舉（即允許用一人一票的方式來選舉政治領導人、議員或代議士等）才能保障自由。允許用一人一票的方式來選舉政治領導人、議員或代議士等的確是一種許多所謂「自由民主」國家常用的方法；不過，可惜的是這種方法所引發出來的政治選舉的黑暗面不但無法保障自由，而且更加劇了各種政治矛盾和促進了人性的許多醜惡面的釋放：如各政黨為了選舉所搞的或採用的各種爾虞我詐、齷齪毒辣、收受賄賂、貪贓枉法、斂財腐敗、你死我活的又內耗巨大的拉票活動、選舉造勢活動、黨爭、派系鬥爭；不擇手段的動用各種欺騙陰謀、發放假消息以及抹黑和攻擊性的選舉手段和手法等。從人類進化的角度來看，可以這樣說，選舉政治為人類提供

了或讓人類在這種境況下做出了或釋放出了，許多人類無法控制自己在正常情況下被管控、壓抑和遏制的屬於「動物性」的本能和本性（animal behavior），包括：自私、殘酷、暴虐、攻擊性等赤裸裸的暴力行為（violence and brute force）（而更可悲的是：有些人更把這些「動物性」的特性想方設法加以包裝，並套上民主自由、人權的外衣去抹黑、污篾和毒害他們心目中的所謂敵人）。假如說要保障自由，就必須採用一人一票的所謂民主選舉的方法，那麼這是否就是說要民主選舉的自由就必須付出如此高昂的代價？就必須得採用各種不仁不義的手段和方法？這代價是否也太高了啊！值得嗎？人類真的無其他更好的選擇？一定得背起這十字架？這是什麼政治倫理？對促進人類命運的進化到底會帶來什麼好處？

　　哈拉瑞說：「**我們有必要了解自由民主的局限，並討論如何調整和改善目前的自由民主制度**」[3]這的確非常必要，而且我認為還必須從根本上去解決自由民主制度的眾多基本問題、信念和假說，不然人類要求和平地生存的願望將會全部落空。其次，我們是否也應再看清楚一下，到底西方的自由民主制度，是否真的是能醫治百病的妙丹靈藥，是否真的會帶來好的治國理政。假如不是的話，那麼我們有必要去捍衛它嗎？事實上，歷史上不知有多少人為了捍衛它，已糊裡糊塗的（或如哈拉瑞所說，被虛構的故事所騙）犧牲掉了。從人類命運進化的角度，可見人類在進化過程中所無法擺脫的先天性的愚昧為人類帶來多少痛苦！人類是多麼可憐可悲的動物啊！顯然，人類這種智人動物要變成為神人，看來也並非如哈拉瑞所說那麼容易吧！

另一方面，從西方民主制度的發展來看，西方的民主制度的發展，從其所顯現的眾多的難以彌補的弊端（有些是結構性的，有些是人為的）。可以這樣說：西方的自由民主制度的繼續發展已陷入了一種長期半停滯、空轉和「政治滯脹」（political stagnation or stagflation [註：所謂「政治滯脹」指的是，表面上其影響力似乎不斷的在膨脹，但事實上是在萎縮]的局面，我命名這一發展階段為：「民主滯脹階段」（democratic stagnation or democratic stagflation stage of development）。[註:我認為西方的自由民主制度是由五個很不一樣的發展階段組成：（1）新生或初創階段（initiation and creative stage）；（2）成長階段 (growth and development stage）；（3）滯脹階段（stagnation stage）；（4）逐漸進入一個不斷地在停滯、解體、轉型和重組階段（incoherently or in-cohesively phasing out, slowly disintegrating and reconstituting stage）；（5）最後踏入民粹或半民粹主義階段（populism stage）。]

　　（4）哈拉瑞要捍衛自由的另一個原因是他擔心：「非民主政權的一個特徵是很難做到言論自由。而隨着這些政權的擴張，要對人類物種的未來進行批判性思考也就愈來愈危險。」(3)這我並不太擔心，因為現今的網絡系統、各種類型的朋友圈式的傳遞信息等方法如此之多和發達（將來還會更發達），資訊的傳播是非常的便利，任何不得人心的政權要限制或封殺言論自由都非易事。中國人有一句話說得好：「如要人不知，除非己莫為」。任何無理的壓制、資訊的封鎖、暴力的鎮壓、違反公平正義、歪曲事實的做法，只會帶來更大的反抗。

在這裏反而值得指出的是，現在許多傳媒卻在過分濫用新聞自由和言論自由賦予他們的權力來左右和控制人的思想﹝註：還會製造「媒體暴力」﹞，使我們難以辨別真偽而被愚弄和利用，從而作出一些不理性、不合理、不科學、逆進化的選擇和抉擇。另一方面，當然也有一些政權，在搞獨裁式的統治，搞個人崇拜，這些做法從人類命運進化的角度來看也是逆進化的，因為從人類歷史，我們可以清楚看到，過分壓制言論和思想自由反而是一種容易引發社會的不安和不穩的做法，因為過分壓制言論和思想自由這種做法都是如履薄冰，說明當權者缺乏有效的統治信心，因此是難以持久的（unsustainable），而且是很容易變成為社會動亂之源以及點燃和引發暴亂的產生。不要忘記這句名言：星星之火可以燎原。只有開放社會，讓百花齊放，才容易鞏固政權，才能安定社會，豐富人類多樣性的創造力和適應力（enrich diversity，creativity and adaptability）的釋放以及在進化的過程中能較有效地保障人類的適應能力的運作和彈性（more adaptable and flexible）以及可以提供和滿足人類更多元的選擇要求（provide more choices）和保存更多樣性環境的能力（conservation of environmental diversity）。

還有我擔心的另一個問題，是有許多國家（包括所謂「自由民主」的國家)的反動傳媒以及美國的情報機關（如CIA）等，經常也會用言論自由來誤導人民和掌控人的思維方式，並編造許多假新聞、假消息、假故事、假資訊來忽悠人、欺騙人和顛覆政權，以達到其不可告人之目的。

在現今這數據時代（digital age），利用黑客、媒體暴力和欺凌、人工

智能（AI）等手段來干擾、歪曲資訊的傳播，其手法是層出不窮，可以說已到了化境。難道哈拉瑞不擔心以上這種問題的出現嗎？但奇怪的是恰恰相反，他的擔心卻去了另一極端，擔心起人類被所謂「數據主義」所操控。哈拉瑞錯了，我們應該擔心的是怎樣才能防止和不要讓野心家、壞人、偏激政客、投機分子等用「媒體暴力」、假數據和惡毒的AI等手段來操控我們和限制我們的思想和言論自由；而這我認為才是「對人類物種的未來進行批判性思考」[3] 有可能會愈來愈難的原因。

另一方面，更可惜的是哈拉瑞似乎沒有注意到，事實上在許多所謂自由民主的國家，他們的公民的自由已被「選舉主義」所操控，左右著他們的思想和選擇。也就是說，他們都已經或多或少被陷入「選舉主義陷阱」的泥潭（bogged down in democratic election traps）或沉醉（intoxicate）於選舉這種遊戲而不能自拔！ 請看看現今的所謂自由民主國家的政黨，他們花多少時間、人力物力來操控選舉活動？而現在的互聯網技術、黑客、人工智能（AI）等則更加劇了讓這些所謂自由民主國家的政客和政黨，非常容易地便可以左右和操控這些國家的人民的選舉意識、選擇意向及民意。更可以這樣說，現今許多所謂自由民主國家的政黨的存在和目的，所做的絕大多數的事、活動等，無他都只有一個目的，就是為了搶拉選票，或與搶拉選票有關！這我認為才是影響人類思想和言論自由的重災區，即：「選舉主義」而非「數據主義」！不是嗎？現今很多的自由民主國家已很難做到真正的讓人民有言論自由，因為人民的言論自由已被政黨的選舉言論、各種的選舉手段

和選舉宣傳活動所操控和圍困。故此，如要在這些自由民主國家之內，對人類物種的未來進行批判性思考，並不是如哈拉瑞所說愈來愈危險，而是會愈來愈困難。在這些國家內，如讓這樣的事情繼續下去，人類的思維不但會被長期綁架，而且將會被長期地禁錮在政黨選舉政治所設的牢籠內。這種情況的出現，我認為是逆進化的，因為他營造了一種假像，使參與這一遊戲的人覺得有了民主選舉的自由，就是有了選擇的自由。而事實上，他們的所謂選擇只是政黨操控的結果。而這一條非常不健康的路，假如讓它這樣繼續走下去，是會愈走愈窄，而人類的思想也只會愈來愈朝着保守、民粹、軍國主義的方向發展。假如我們讓這種情況繼續發展下去，那麼社會能為人類命運進化和健康發展提供的資源（resources）將也會愈來愈少，最後全部枯竭。

另一方面，很多人似乎又很喜歡民主選舉，因為選錯了人或選了狂人、壞人上台後，選舉這些狂人、壞人上台的選民（electors）是無須負任何法律責任的 (do not have to be held responsible)！可見民主選舉制度是多麼可笑、可悲和諷刺的一種政治制度啊！從人類命運進化的角度來看，這也反映出人類在進化過程中，似乎被迫要無奈地接受這種結構性和制度化所造成的和無法擺脫的心理狀態。由於這一個原因或人類的弱點，人類因此常被不良的政客利用來達到他們的邪惡意圖和目的。這是多麼可怕和悲哀啊！人類的這一重大弱點（weakness of humankind），我認為完全沒有可能（rules out the possibility）讓人類從「智人」變為「神人」。而相反，只能讓人類從「智人」逐步蛻變為心智愈來愈「聰明」，但却又愈來愈無奈和

無助的人（a crowd of faceless, senseless and helpless human crowd）。而更可悲的是，這些愈來愈無奈和無助的現代人，卻又極容易在這種制度內，被他們（即現代人自己）所選舉出來的其中一個或一群比現代人更為虛偽、不講道理、不理性、自以為是、狡詐、邪惡、粗暴和凶殘的斯文敗類或有嚴重自戀狂的政客所控制。這種斯文敗類，我名之為「文明野蠻人」或「神異動物」（'modern human beasts or barbarians'）。因此，我和哈拉瑞的看法恰恰相反，他認為在西方自由民主國家的現代人，正在從「智人」演變為「神人」；但我則認為，這些現代人，正在從「智人」演變為「文明野蠻人」。

（5）哈拉瑞在《今日簡史──人類命運大議題》一書中指出：「信息技術和生物技術的雙重革命，讓人類這個物種遭遇了有史以來最大的挑戰，從而對自由主義失去了信心。信息技術和生物技術一旦攜手，可能很快就會讓數十億人失業，同時破壞『自由』和『平等』這兩個概念。大數據算法可能導致數字獨裁，也就是所有權力集中在一小群精英手中，而大多數人不只是被剝削，還面臨更糟的局面，如草芥般無足輕重。」[3] 對哈拉瑞在這一方面的理論和判斷，我覺得有許多可以商榷的地方。譬如他說：「信息技術和生物技術一旦攜手，可能很快就會讓數十億人失業，同時破壞『自由』和『平等』這兩個概念。」失業人數的增加的確會有可能，但另一方面智能化、信息技術和生物技術的高速發展，又會驅動許多新的創新企業和科技行業的形成，舊的企業的轉型和升級，新的領域、業態和動力的出現及產生。而這些

巨大的潛能的釋放以及其所能發揮的力量，將會提供無數新的工作和工作機會，因此對失業人數的影響，應該從積極的方面去考慮，無需太悲觀。

而「信息技術和生物技術一旦携手，可能同時會破壞『自由』和『平等』這兩個概念」，更是無稽之談。事實上，信息技術和生物技術為人類創造了可以說是無限量的自由（唯一的限制可能是我們的想像力），使人類已可以很大程度上達到更平等的自主創新發揮的機會、空間和可能；因為數據和將來的物聯網等使世界愈來愈扁平（the world is now flat)，可以任由人類無拘無束地去馳騁，所謂海闊天空人人都將會有更多的機會去闖蕩、創新和創業，從0->1到1->無限。

最後哈拉瑞說：信息技術算法和大數據等，把所有「權力都集中在一小群精英手中，而大多數人不只是被剝削，還面臨更糟的局面，如草芥般無足輕重」（他在英文原書中用的是irrelevance）。（註：原句是這樣寫的："Big Data algorithms might created digital dictatorships in which all power is concentrated in the hands of a tiny elite while most people suffer not from exploitation, but from something far worse — irrelevance"。）我認為這一情況在所謂的西方的一人一票的民主選舉中早已如此。不是嗎？您投贊成票選出來的總統或政黨，對這些總統或政黨他們來說您可能是重要的（relevant），但對於那些不選或反對他們的那些人來說，就不會有重要性了（irrelevant）。因此，我認為以上哈拉瑞的說法應改成為下面的說法更為合適：

In those so called democratic countries in the west, the election of

President or Political Party often created dictatorship in which all power is concentrated in the hands of the elected dictator and a tiny elite while most people suffer not only from exploitation but irrelevance.

因此，我認為選舉政治也非常容易會製造和使選民陷入一種，我名之為「無奈的陷阱」(並請參考這1章的有關論述)。而恰恰相反，數據革命却可以讓很多人從各種無奈的陷阱中解放出來。因為數據賦予（empower）了人類愈來愈多的具顛覆性（disruptive）的能量和技術，使政治獨裁者、狂人、自戀型政客愈來愈難以操控社會輿論和發展。而所謂西方式的選舉行為，則愈來愈趨予限制和阻礙了人類能夠跳出選舉政治的黑箱子（black box）去思考問題和顛覆各種現成的想法（disrupt the present democratic election status quo）的可能。

我們也可以再從另一個角度來看這 「無奈的陷阱」。「無奈的陷阱」 除了可被選舉政治所利用之外，至今，大家可能還沒有意識到，在美國這樣一個崇尚市場經濟（market economy）的國家，經長期的發展已逐漸變成為一個「市場社會」（market society）（如美國哈佛大學桑德爾教授所說的那樣。請參考他的名著：《錢買不到的東西》［*What Money Cannot Buy*］。在這樣一個市場社會內，所有的東西明碼標價，都可以要來做買賣、交易和待價而沽，這當然包括所有與選舉有關的活動：這可以從美國每年化在選舉上的巨額費用以及影响政客們的游説團體（political lobbyist）等的活動看得很清楚。再説得明白一點，西方的選舉可以説，完全是一種有錢人的游戲。而依據這一種游戲被選出來的領導層，因此，就會受到有錢人或大企業的老板或捐贈者所左右和控制，而一般的普通選

民則只能在「無奈的陷阱」之內痛苦地掙扎，偶然作出一些反抗：這就是為什麼在許多西方民主國家，仍經常會出現老百姓反政府的抗爭、示威和暴動。因為用金錢堆積起來從而選舉產生的所謂精英領導層，是無法去滿足民意的需求以及解決現今西方社會或「市場社會」所呈現出來的貧富差距愈來愈懸殊和巨大（gap between the rich and poor）、社會的兩極分化（polarization）愈來愈嚴重等問題的。這種現象的出現，清楚説明西方的所謂自由民主國家的選舉政治體制或精英領導體制（meritocracy）是有很大問題的，並非是十全十美的!

其次，更可悲的是，像特朗普這種所謂被美國選民選出來的總統（特朗普可以説是美國「市場社會」生產出來的一個典型人物!），他竟然可以推翻前總統的決定，並罔顧科學數據所顯示的強而有力的證據，否認全球面對氣候變化，不斷變暖的事實[註：2018年11月24日，美國《國家氣候評估》公佈，全球氣溫仍在持續上升的數字顯示，地球的而且確是在進一步變暖這一科學證明]；並無視氣候變化帶給人類的危機；而隨意的讓美國退出應對温室氣體的《巴黎協定》。試問，像美國這樣的所謂自由民主國家的選民，又怎樣奈他何？很明顯的，作為美國公民當然只能無奈地接受了，但這苦果卻是要我們全人類去承受的啊!　而特朗普這一主要肇事者（culprit），則無需負任何責任，而美國的選民當然也就更無需負任何責任了。試問，這樣公平嗎？把人類的生存權當為何物？而人類擁有的人權，是否只要打着自由民主的旗號，就可以任由像特朗普這種狂人（為了滿足一些企業家的利益）恣意踐踏嗎？自由民主國家這種所謂公平的選舉制度，所要追求的是這樣的結果嗎？這樣的公平嗎？

我認為直至現今，人類還沒有找到一種十全十美的所謂民主自由的政治體制。只有幼稚的人，才會去相信西方的自由民主的選舉政治體制是萬能的，神聖不可侵犯的；假如不採用這一種方法，那就是一種罪過。我認為如果人類要繼續文明地生存進化下去，我們必須實事求是地通過實踐，盡快找到一種十全十美的（至少是全人類都可以接受的）政治體制。假如認為西方的自由民主的選舉政治體制已是人類的唯一最終極、最完美的政治體制，那麼我相信人類命運的進化，將會逐步停頓下來（或原地踏步），最後完全終止。因為，西方的所謂自由民主的選舉政治體制，只能為人類帶來永無休止的麻煩、痛苦和解決不了的社會、經濟、生態、宗教等矛盾以及地區性經常出現的各種不同類型和性質的戰爭，而不是更多的幸福。

❖————（三）————❖

最後讓我來總結一下。

哈拉瑞説：「**觀察自己從來不是件簡單的事，但隨着時間的流逝，難度還可能愈來愈大。歷史上，人類為自己創造了種種複雜的故事，我們認識真正的自己變得愈來愈難。這些故事的本意，是讓許多人團結起來、集合力量、維持社會和諧。這些故事，滿足了幾十億人的溫飽，使他們不至於互相殘殺。人類觀察自己的時候，常常發現的就是這些現成的故事，過去會認為開放式，不預設答案的探尋實在過於危險，有可能讓整個社會秩序崩塌。**」[3]

哈拉瑞在這一問題上又似乎也是過分的擔憂了。因為現今我們人類已進入了新時代，人類的認知已到了一個進化非常高的水平，基本上已無須再為自己的生存、生存意義和目的創造種種複雜的故事來作出解釋和肯定了。因為從進化的角度，我們人類除了必須依循達爾文以及之後的眾多進化論的研究者所提供的人類進化的基石、證據和發現的規律（如人類也需依循適者生存、生物多樣、需羣居生活等的規律）來進行持續發展；而更為重要的是，人類還尋找到解決人類的煩惱、不和諧等，影響人類命運進化的辦法，而其中最為重要的，就是人類必須團結和行動起來，大家一齊來推動構建和夯實人類命運共同體。其做法從理論上來考慮，我建議可考慮如下圖所示的方法（見圖9.1）。

9.1進入新時代影響人類命運進化的要素

一、個人要素 (Personal Elements)

I.「純動物性狀」元素 (Pure Animal Elements)

包括：慾望 (Desire)，直覺 (Instinct)，自私 (Selfishness)
攻擊性 (Aggressiveness) 等

II. 世人創建的元素 (Human Elements)

包括：理智 (Reason)，科學(Science)，人文 (Humanism)

III. 個人心理元素 (Personal Psychology Elements)

包括：意識 (Consciousness)，心態 (Mindset)，開放 (Openness)，
主動積極 (Positive attitude towards life)，
認真度 (Conscientiousness)，專注 (Mindfulness)，
性格 (外向型或內向型) (Extroversion or Introversion)，
恆心毅力 (Grit)，愉悅隨和 (Agreeableness)，
心智技能 (Intellectual skills)，神經質程度 (Neuroticism) 等

二、調節要素 (Regulatory Elements)

包括：包容、融合、協調、自我控制力、道德
(如：中庸之道、仁、愛、義、禮等，可以促進和諧、合作、
團結等顯現和表達的元素)

三、人類集體發展要素 (Group Elements)

I. 建立各種區域性或功能性命運共同體元素

包括：不同民族 (Nation) - 相互尊重、擁有大愛精神；

社會 (內外) (Societal Structure) - 達致正義、公平；

不同國家之間 (Country) - 各自獨立、自主、和睦友好。

II. 建立全人類命運共同體元素

包括：物理世界 (Physical World) 與人類、人與自然、都可以利用和
諧、和平、開放、安全、美麗、綠色、團結、互利合作等元素
來發展和建立一個實實在在的理想世界或全人類命運共同體。

互 動 (Interaction)

從圖9.1我們可以看到要構建人類命運共同體，人類必須好好的去發揮、融合和充分調動以下影響和可以推動人類命運進化以及達致世界真正和平的三大要素：

（一）個人發展要素；（二）調節要素；（三）人類集體發展要素。

（一）**個人發展要素**——包括以下幾種元素：

I. **純動物性元素**，例如：慾望、直覺、攻擊性等。

II. **世人創建元素**，包括：理智、科學（包括唯物辯證）、人文主義。

III. **個人心理元素**，包括：認知、意識、開放心態、認真度、性格（外向或內向）、隨和、心態愉悅、堅忍、神經質程度等。

（二）**調節要素**——包括以下幾種元素：

　　包容性，融合力，協商意願、協調能力，管控能力；促進中庸、穩定和諧、正義、誠信的彰顯；能做到依法依規、公平正義、堅持道德底線（如能用高尚的個人修養和品德、職業道德、社會公德、家庭美德等服人）；其他，如：仁、愛、義、禮、同理心、同情心等元素的充分發揮，都能有效促進合作、團結、和諧等的產生，以及促使這些調節要素能有效地起到作用。

（三）**人類集體發展要素**——包括以下幾種元素：

I. **建立各種區域性或功能性命運共同體元素**，例如：中非命運共同體；中歐命運共同體；中英命運共同體等；各種經濟合作命運共同體；人與生態命運共同體；人與環境命運共同體等。從而保證各民族的尊嚴以及社會的公平、正義，國家的政治模式、獨立、自主等價值

追求都能得到體現和不受到敵意性的干擾。

II.**建立全人類命運共同體元素**，例如：和平、安全、美麗、合作、發展、共贏的理念；多樣性的不同信仰、政治體制、文化、人文思想體系等都可以共存。

以上第（一）和第（三）要素所涵蓋的各種元素，是能不斷起互動和互相促進作用的（interact with each other）；但是，假如一旦兩者之間的各種元素出現不協調或矛盾，那麼第（二）要素的各元素，就會起作用來加以調節、協調和予以解決。

假如我們能把人類根據達爾文的進化論的各種有用的規律以及人類命運進化的基石（如：理性、科學、創新、文明的人文主義、和平等）牢牢的掌握、夯實和調動起來；再加上以上我所建議的各種組建和驅動人類命運進化的要素和元素充分予以發揮，並都給予一定的重視，那麼世界、人類才能朝着多元的及和而不同的實質性的理想世界（而不是空想的烏托邦（Utopia））繼續進化。假如推動人類命運共同體構建的這些要素和元素真的都能調動起來，還可以把人類命運的進化路向，從本來相當隨機（random）的方向和前進方式，轉變成為一種有一定的方向性和目的的，具理性、科學、創新、高度文明、和平的道路前進及進化。我認為只有這樣，人的生存才有意義，才有可能互相尊重。換言之，當每一個人（或人民）能夠真正得到充分的尊重，人類的生存才談得上具意義和價值，才有真

正的幸福可言。但所謂尊重，人首先（1）要懂得怎樣尊重自己，不做損害自己生存繁衍的事；（2）懂得怎樣尊重別人，不做損害別人的事。並要在不做損害自己的事，不做損害別人的事，這兩者之間找到一個可以和諧、平衡、中庸相處相容之道。只有這樣，我們才能抵擋得住各種壞政客、政治狂人、獨裁者搞骯髒、不人道和逆人類命運進化的各種所謂政治來危害人類的生存；我們才能防止獨裁、個人崇拜、偏激、暴力、極端恐怖組織的行為的產生和出現。

2018年8月27日習近平在出席「一帶一路」建設工作五週年座談會上指出，「2013年秋天，我們提出共建『一帶一路』倡議以來，引起愈來愈多國家熱烈響應，共建『一帶一路』正在成為我國參與全球開放合作、改善全球經濟治理體系、促進全球共同發展繁榮、推動共同發展繁榮、推動構建人類命運共同體的中國方案。」[8]「當今世界正處於大發展大變革調整時期，我們要具備戰略眼光，樹立全球視野，既要有風險憂患意識，樹立全球視野，又要有機遇意識，努力在這場百年未有之大變局中把握航向。以共建『一帶一路』為實踐平台推動構建人類命運共同體，這是從我國改革開放和長遠發展出發提出來的，也符合中華民族歷來秉持的天下大同理念，符合中國懷柔遠人、和諧萬邦的天下觀，佔據了國際道義制高點。共建『一帶一路』不僅是經濟合作，而且是完善全球發展模式和全球治理、推進經濟全球化健康發展的重要途徑。」[8]。

我認為，中國所提出的推動人類共同構建「一帶一路」的做法，是迄今為止人類最具目的地在促進人類命運共同體的發展以及創造和構建人類社會和人類命運未來的進化的一個非常好的具體方法和例子。換一個説法，因為構建「一帶一路」具有很明確的方向性和目的性，並且還具有理性、科學、創新、可行等意識的要素；只要這些要素或基石能夠充份得到發揮和運作起來，我相信，是完全可以非常有效地推動人類命運進入一個多元、和平、向前發展及朝向更高階段發展和進化的世界性的新秩序和新文明。

　　習近平在2018年中非合作論壇北京峰會開幕式上發表題為《携手共命運同心促發展》的主旨演講中，進一步闡明中國對怎樣有效地推動人類進入和平、向前發展及朝向更高階段的文明進化的一些舉措。譬如針對怎樣構建中非命運共同體時，他指出[9]：「中非雙方基於相似遭遇和共同使命，在過去的歲月裏同心同向守望相助，走出了一條特色鮮明的合作共贏之路。」「13億多中國人民始終同12億多非洲人民同呼吸、共命運，始終尊重非洲、熱愛非洲、支持非洲，堅持做到『五不』，即：不干預非洲國家探索符合國情的發展道路，不干涉非洲內政，不把自己的意志強加於人，不在對非援助中附加任何政治條件，不在對非投資融資中謀取政治私利。中國希望各國都能在處理非洲事務時做到這『五不』。」他還進一步指出：「中國相信中非合作的必由之路就是發揮各自優勢，把中國發展同助力非洲發展緊密結合，實現合作共贏、共同發展。中國主張多予少取、先予後取、只予不取，張開懷抱歡迎非洲搭乘中國發展快車。」

習近平在同一講話中還指出説：「當今世界正在經歷百年未有之大變局。世界多極化、經濟全球化、社會信息化、文化多樣化深入發展，全球治理體系和國際秩序變革加速推進，新興市場國家和發展中國家快速崛起，國際力量對比更趨均衡，世界各國人民的命運從未像今天這樣緊緊相連。」「同時，我們也面臨前所未有的挑戰。霸權主義、強權政治依然存在、保護主義、單邊主義不斷抬頭、戰亂恐襲、飢荒疫情此伏彼現、傳統安全和非傳統安全問題複雜交織。」他還強調説：「我們堅信，和平與發展是當今時代的主題，也是時代的命題，需要國際社會以團結、智慧、勇氣、扛起歷史責任，解答時代命題，展現時代擔當。」「面對時代命題，中國人把為人類作出更大貢獻作為自己的使命。中國願同世界各國攜手構建人類命運共同體，發展全球夥伴關係，拓展友好合作，走出一條相互尊重、公平正義、合作共贏的國與國交往新路，讓世界更加和平安寧，讓人類生活更加幸福美好。」「面對時代命題，中國將積極參與全球治理，秉持共商共建共享全球治理觀。面對時代命題，中國堅定不移堅持對外開放。」「『海不辭水，故能成其大。』中國是世界上最大的發展中國家，非洲是發展中國家最集中的大陸，中非早已結成休戚與共的命運共同體。我們願同非洲心往一處想、勁往一處使，共築更加緊密的中非命運共同體，為推動構建人類命運共同體樹立典範。」具體一點説，即：「一是實施產業促進行動；二是實施設施聯通行動；三是實施貿易便利行動；四是實施綠色發展行動；五是實施能力建設行動；六是實施健康衛生行動；七是實施人文交流行動；八是實施和平安全行動。」[9]

從以上習近平所提出的，有關共築更加緊密的中非命運共同體，為推動構建人類命運共同體樹立典範的具體設想、舉措和行動，對推動構建人類命運共同體是具積極意義和推動作用的，而且非常及時和有必要。我認為，這些舉措等對發展中國家的未來發展，不但需要而且會很有成效。不過，假如用以上這些行動來針對和推動與發達的國家共同建立人類命運共同體來說，我認為這還不夠全面，而必須涵蓋我上面所建議的構建人類命運共同體的各種多元的要素和元素，才能更快以及更有效的把人類命運共同體，逐步地由點到線、由線到面地在全世界範圍構建、鞏固、提升及持續發展下去。我以上所提的這些理念，我認為都「符合中華民族歷來秉持的天下大同理念，符合中國人懷柔遠人、和諧萬邦的天下觀。」[10]也符合中國對外的政策：「對非洲兄弟，中國『真實親誠』；對週邊國家，中國『親誠惠容』；對所有國家，中國強調『互利共贏』[10]。」不過，對於所有的國家來說，我認為還需多增加這樣一條內容，即中國還應強調：「尊重包容」的原則和「尊重多元文化和政治體制多樣性共存」的原則。但當然也要堅守自己的價值觀底線、特色和立場以及順大勢、擔正義和行正道的原則。

　　2018年11月30日，二十國集團（G20）領導人第十三次峰會，在阿根廷布宜諾斯艾利斯舉行時，習近平發表了題為《登高望遠，牢牢把握世界經濟正確方向》的講話時指出，從世界經濟發展的角度來看，雖然「世界經濟時有波折起伏，但各國走向開放、走向融合的大趨勢沒有改變。在這一進程中，各國逐漸形成利益共同體、責任共同體、命運共同體。攜手合作、互利

共贏是唯一正確選擇。」[11]在討論《公平和可持續未來》議題時，習近平更指出：「世界必須努力形成一個共同發展的良性循環。」[11]

故此，總結地來説，我認為進入新時代，每一個國家，除了在經濟方面，要維護自身合法權益、合理訴求、國際公平正義、堅持開放合作、夥伴精神、協商處理分歧之外，還需要在人文、道德文明以及人類命運進化的基石上，努力做到包容及融合各國所長，健康和平地讓全球能夠朝着良性的方向發展和進化。

我以上所指的各種基石和元素，對推動和支撐人類命運的進化以及構建各種類型和層次的人類命運共同體，我認為都非常重要；但也需看到，在全面體現人類命運進化推進的路程上，必須理解和顧及到人類命運進化和社會的發展，都具有階段性和特殊性。因此必須充分掌控好每一個人類命運進化與社會發展階段會出現的機遇或機遇期和擁有和具備的條件。很顯然的，只要人類能夠在社會進步的適當的機遇期內，選擇和堅持正確的戰略發展模式，做符合發展和條件的事，這樣就不但可以印證適者生存對人類命運進化以及人類命運共同體的建立的必然性，同時也可以看到其所能發揮的威力以及必須把握住的戰略機遇（即：主觀願望[戰略]符合了客觀實際[機遇期]）的重要性。舉個例子，譬如：就拿中國改革開放40年（1978-2018）的光輝歷程來説，中國在這機遇期選擇和掌控了在機遇期的正確戰略決速和措施，因此，中國就可以做到創建和形成中國特色社會主義的（在人類史上從未出現過的）這樣一個最大的發展中國家和實現中華民族偉大復興的中國夢。這

一事實說明，如習近平在慶祝改革開放40周年大會上的講話中所指出的：「歷史發展有其規律，但人在其中不是完全消極被動的。只要把握住歷史發展，抓住歷史變革時機，奮發有為，銳意進取，人類社會就能更好前進」(12)及平和地進化。當然，同樣重要的是，我們必須永遠堅持創新發展，充分釋放億萬人民的創新激情和創造力。只有這樣做，我們人類「才能承載時代之盛、把握發展之機、抗禦未來之險」，也只有這樣，我們才能保證人類命運的進化進程可以得到維持和持續發展 (sustain) (13)；我們才能為人類命運的進化進程「培根鑄魂」[註：這裏所講的魂，指的是一種精神境界，而不是說如宗教界人士所指的，有靈魂這樣東西存在着!]，我們才能把人類命運共同體實實在在地構建起來；才能把人類的全球性的多樣文明，逐步推上更高的發展層次。

最後，我建議中國應該認真考慮怎樣把西方一些優秀的以及能促進世界文明發展的要素，適當地把他們融入人類命運共同體的構建中（例如：那些「新啟蒙運動」所倡導的，有利於和能促進社會健康發展的概念、理論、價值觀等），來驅動更加多的朋友、伙伴或「同盟軍」協助推動人類命運的演進和進化，以及構建人類命運共同體。

此外，我相信在構建人類命運共同體時，中國是不會（也不應該）把西方的所有東西（譬如：價值觀、道德標準等）都加以排斥。假如我們真的這樣做的話，那將是一種極其消極和錯誤的做法。我認為正確的做法應該是，有選擇性地去吸納和融通其他不同文化、文明的精髓，然後有序地把他們納入人類命運共同體之內。因為人類命運共同體的基本理念，是要求能做到不同的國

家、不同的文化、不同的文明，都能融洽地「共商共建、包容互通、求同存異、互利共贏、共同發展」。如果我們真的能把這樣一個共同體架構建立起來，那麼這架構必定會是一個能融合多樣文化，呈現多種思想和意識形態，以及彰顯多種文明的這樣一個可持續發展的命運共同體架構。

其次，假如我們想把構建人類命運共同體的理想，向外國人士（特別是一些西方的高級知識分子［intellectuals］）闡釋、推薦和宣揚的話，就更需要我們國家，對人類命運共同體的構建、人類命運的進化，以及將來怎樣讓人類能夠有尊嚴和幸福地，在這現代化程度極高的全球大環境下生活和持續生存下去，就必須得有策略性和有計劃地，向西方人士講得清清楚楚，明明白白。因為只有這樣，我們才能說服他們，並得到他們的認同和支持，使其成為廣泛共識。而我認為，也只有這樣做，中國所倡導構建的人類命運共同體，才能行穩致遠，在未來的歲月裏發揮更大的作用，並引領世界潮流以及人類命運的進化，朝着健康的方向發展；同時，把人類所迫切需要和渴望的，一個和平和可持續發展的全球化的文明新秩序，能夠較快地真正的建立起來。

我想多說一句，有關我們應怎樣看待所謂「自由、民主、人權」這種源自西方的價值觀或理念。我認為在這一個問題上，中國必須正本清源，從根本上（go to the basics）說清楚，這些概念性的東西，並非是什麼「普世價值」，而只是西方文明在特定的歷史背景下，衍生出來的特定的人文元素，而這些元素的有效性或意義，是

受歷史時空和文化條件所規限和制約的，因此這些元素是不能拿來當作為放諸四海皆準的普世價值或真理。而在這方面，我認為我們需要採取更為積極主動的引領作用，把中國的觀點和立場講清楚，説明白（特別需對我們的青年學生，尤其是香港的青年學生）。現今我感覺到，談到有關「民主、自由、人權」，我們中國是把自己放在比較被動的立場或易受攻擊（vulnerable）的地位，因此經常得為我們在這方面的作為辯解（put ourselves on the defense），這是很消極和不智的做法。我們必須盡快把這種對我們不利的情況扭轉過來；從被動變主動。只有這樣我們才容易廣泛凝聚共識，發揮引領作用，把人類命運推向更高質量和層次的方向發展。正如張維為教授所説(14)，中國必須：「以中國人的眼光和話語來觀察和評述自己的國家和外部世界」。只有這樣我們才可以更有效地「與西方話語交鋒」，建立我們自己的「話語體系」，「重新回到世界中心」的位置。這也可以説是，我寫有關「人類命運進化」這三本書的目的之一。

✦✦ 參考資料

1. 哈拉瑞著，《人類大歷史 – 從野獸到扮演上帝》，林俊宏譯，2017年，天下文化書坊，第42頁。

2. 哈拉瑞著，《人類大命運 – 從智人到神人》，林俊宏譯，2017年（中文版），天下文化書坊。

3. 赫拉利 (即哈拉瑞) 著，《今日簡史 - 人類命運大議題》，林俊宏譯，2018年，中信出版集團。

4. 香港《文匯報》，〈澳『逼宮復仇記』特恩布爾敗走〉，A20，國際新聞，2018年8月25日。

5. 香港《文匯報》，〈中英外長會唔 – 共同維護自由貿易體系。王毅：美單方施壓適得其反〉，A5版，2018年7月31日。

6. 香港《文匯報》，〈王毅：10+3須展護多邊主義決心〉，A5版，2018年8月5日。

7. 《澳門日報》，〈中國東盟合作提質升級 – 南海行為準則形成單一文本〉，A4版，2018年8月3日。

8. 香港《文匯報》，〈堅持合作共贏推動『帶路』惠民〉，A14版，2018年8月28日。

9. 習近平在2018年中非合作論壇北京峰會開幕式上發表題為：〈攜手共命運同心促發展〉的講話。

10. 〈『中國立場』順大勢擔正義行正道〉，2018年10月2日，香港《文匯報》，《人民日報海外版》專供。

11. 習近平，2018年11月30日，二十國集團(G20)領導人第十三次峰會，在阿根廷布宜諾斯艾利斯舉行時的發言，香港《文匯報》，文匯要聞，2018年12月2日。

12. 習近平，在慶祝改革開放40周年大會上的講話，〈繼續推進改革開放 實現民族偉大復興〉，2018年12月19日，香港《文匯報》，A4、21。

13. 《人民日報》評論部微信公共帳號刊登署名李斌的文章，題為〈總書記定義2019：崇尚學習 崇尚創新 崇尚團結〉，香港《文匯報》，A5版，2018年12月31日。

14. 張維為著，《文明型國家》，2017，上海人民出版社。

後記（I）

　　我在書寫有關人類命運演進和進化的過程時，主要把焦點集中在闡述有關人類命運的演變和進化的過程，以及人類命運的演進和進化的未來願景。這和達爾文的進化論所要解決的問題和已揭示的現象並不一樣。達爾文的發現和進化論所涉及的範圍，比我所涉及的範圍要來得更為闊廣，因為他包括所有的生物（all living things）。而我的着眼點，則只局限在了解和分析有關人類（human beings）的命運的演進和進化過程。而這一方面所涉及的範圍，從時間點來看，只是非常短暫的幾千年內發生的事。

　　達爾文的進化論所揭示的生物的演化和進化的規律，是建基於一個非常非常緩慢以及長的時間過程：所涉及的時間，是以萬年、億年來計算。而我所要探討的，則是有關人類命運的變化，其演變和進化的過程，相對來説，是非常短暫的一個過程〔註：不過這一過程却是非常快速，而將來可能會愈來愈快速〕：是以幾十年、百年和千年來計算。為了方便區分這兩類迥然不同的進化過程和性質；同時，避免讀者把這兩個過程混淆起來，我把達爾文的進化論，命名為「生物進化論」（The Evolution and Fate of Biological Species）；而我的則可被稱為「人類命運進化論」（The Evolution and Fate of Humankind），希望讀者注意。

　　此外，還需要指出的是，生物的進化雖然緩慢，但從來沒有停止過，

而其中所涉及的謎團還很多，未能尋找到滿意的答案。例如：生命是怎樣開始的？其分子結構是怎樣形成和演變的？單細胞是怎樣形成的？又是怎樣變成多細胞生物體的？人類的腦子和智能為什麼這樣複雜？是什麼元素（或因素）引發、影響和造成這種特殊的功能和結果？等等。這些巨大的演化或變化，又怎樣地影響着人類以及人類命運的演進和進化呢？〔註：演進和進化的分別，一般來說，演進是較隨機的，而進化則較具方向性。〕

以上這些問題的答案，當然都是我們非常想知道的。　但這些問題的答案，我認為並不可能在短期內，會影響到人類以及人類命運的演進和進化，因為我相信在短期內，我們是無法尋找到有關答案的（雖然有很多人在研究和不斷提出不同的理論和猜測）。因此在本書中，我就沒有對以上問題展開討論（包括我之前的兩本有關的著作：（1）《人類命運的演進印跡和路程》；（2）《人類命運演進的動力──選擇和抉擇》。）這也是要請讀者注意的。

在書寫這本有關《人類命運演進和進化的基石》的過程中，我得到許多人的幫助，我表示非常的感謝。但由於我的知識及認知的局限，書中肯定有很多錯漏之處，這些我當負全責，與任何人無關。

徐是雄
2019年9月

後記（II）

在寫完《人類命運進化的基石及元素》這一書之後，再仔細重看了我之前寫作的兩本書：《人類命運的演進印跡和路程》以及《人類命運演進的動力——選擇和抉擇》，我覺得好像還欠缺了覆蓋和論述有關人類命運進化的規律以及這些規律與人類命運進化的未來發展方向的關係，這兩大範圍。這一工作，我個人的力量有限，解決不了，希望大家能一齊來研究和探討。

在這裏我只想強調的是，達爾文發現及揭示了生物進化的一些重要規律（有些當時是還很不成熟的，得靠後人去進一步證實和完善），如：生物繁衍及進化的方式、適者生存、生物多樣性、弱肉強食等。這些具規律性的發現及揭示，對以後生物學家、心理學家、哲學家、行為學家等等的思路定位、思維方式、研究方向、理論根據、證據的搜尋等，都有極大的影響；而對於推動建立各種現代的生物學、行為學、醫學、社會學等領域的新發展，也作出了巨大的促進引領作用和重要的貢獻。

但遺憾的是，達爾文的一些發現及所揭示的一些生物進化論的規律，也曾被一些政治狂人以及一些別有用心的所謂「社會達爾文主義」（Social Darwinism）者，加以歪曲、利用和錯誤引導，來達到他們不可告人的偏激、自私和罪惡目的。而現今的情況是達爾文的進化論，却還在不斷受到各種宗教信仰人士、政治偏激分子等的抵制、抹黑和否定。〔註：對於那些歪曲和全面否

定達爾文進化論的言行，我們也要注意其目的到底是什麼？但我們要堅信，真理是否定不了的！〕

　　另一方面，我認為達爾文所發現及揭示的生物進化的一些規律，假如延伸來解釋和論證許多人類命運進化的現象（這我在我所寫的三本書中，已作出了頗詳細的闡述和分析），在一定程度也是適合和適用的（當然不是全部）。這不奇怪，因為人也是生物，但人與其他的生物最大的不同之處，是人在進化的過程中，形成了能力強大的大腦。不過，人作為一種生物，當進化到現階段，就其物理性狀或有機體 (physical and organic structure) 來說，已相當穩定，相信不會再有大大小小的自然演變和自身進化性的情況的出現和發生。但人由於有大腦，能產生複雜的思維能力，因此，人的思維是會不斷作出變化和改變的，而這些變化和改變，就會直接或間接影響以及驅動人類的行為、活動和生活的方方面面，從而影響人類命運的演化和進步。而這種種演變和進化，是其他的生物都不具備的或沒有的——是人類獨有的。因此，清楚了解有關人類命運進化的過程和規律，不但從學術研究的角度來看重要，從人類社會實際的發展角度來看，也非常有必要；因為，現今進入新時代，我們對人類命運的進化的目的已很清楚，那就是要千方百計的讓人類能夠在這地球上保持「永久和平」及「可持續發展」。因為只有這樣，我們才可以，讓人類繼續生存和幸福地生活下去。而暫時，我們對於怎樣可以達到這一目的，所能了解、知道和掌控的手段及知識等，實在太少了！〔註：這也就是為什麼，我要研究這一問題的其中的因由之一。〕

　　其次，現今中國正希望與世界上所有的國家一道，積極推動構建人類命

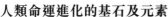

運共同體。因此，深入了解有關人類命運進化的過程和基礎，對我們構建人類命運共同體，以及怎樣維護人類命運共同體建立之後能和平地持續發展下去，可以提供有力的生物科學理論和人類文明方面等的支撐和依據。如：人類命運的歷史是怎樣演進的？為什麼會進步？其根據以及驅動和支撐的力量是什麼？等等。我認為，為這些問題提供明確的答案，對現今中國及世界要求和平及發展，具有一定的迫切性及重大的現實意義。

徐是雄

2019年10月

作者介紹

徐是雄教授,香港永久居民;北京師
範大學─香港浸會大學聯合國際學
院(UIC)榮休教授;生物學家;曾
任UIC副校長、香港大學教授,系主
任及理學院副院長;學術和研究成就
昭著。擔任過中國多所大學的客座教
授和研究院的客座研究員。2003年
獲香港特別行政區政府頒發銀紫荊星
章。曾任香港《基本法》諮詢委員會
委員、港事顧問、香港特別行政區籌
備委員會委員、香港特別行政區第一
屆政府推選委員會委員。香港區第
七、八屆全國人大代表,第九、十、
十一屆全國政協委員,香港臨時市政
局議員,香港南區區議員,珠海市榮
譽市民。

人類命運進化的基石及元素

編著	：	徐是雄
編輯	：	黃文傑、凌嘉偉
設計	：	andConcept Design
圖片	：	Shutterstock
出版	：	灼見名家傳媒有限公司
		香港黃竹坑道21號環匯廣場10樓1002室
電話	：	2818 3011
傳真	：	2818 3022
電郵	：	contact@master-insight.com
網址	：	www.master-insight.com
FB專頁	：	http://www.facebook.com/masterinsight.com
印刷	：	利高印刷有限公司
		香港葵涌大連排道192-200號偉倫中心二期11樓
出版日期	：	2020年2月
定價	：	港幣 $80
國際書號	：	ISBN：978-988-13910-8-7
圖書分類	：	文化